12.3 사태,
그날 밤의 기록

KB198801

2024년 12월 3일 밤 10시 25분
대한민국에 비상계엄령이 선포되었다.

1. 어젯밤 대한민국에 무슨 일이

2. 계엄령이란 무엇인가

3. 12.3 계엄령의 문제

4. 12.3 계엄령의 영향

5. 관련 용어 및 개념

1장

어젯밤
대한민국에
무슨 일이

12.3 사태 타임라인

12월 3일

- 22시 25분경 : 윤석열 대통령, 비상계엄령 선포
- 22시 42분 : 더불어민주당, 의원들에게
  총동원 소집령 내려 국회 집결
- 22시 50분경 : 제22대 국회 봉쇄 시작
  일부 의원들, 담을 넘어 경내 진입
- 23시 25분경 : 계엄사령관 육군참모총장 박안수,
  계엄포고령 발표
- 23시 30분경 : 시민들, 국회 앞에서 자발적 시위 시작
- 23시 50분경 : 군 헬기 국회 착륙

12월 4일

- 00시 07분경 : 계엄군 국회 경내 진입 및
  본청 진입 시도 시작

- 00시 24분 : 우원식 국회의장,

  국회 내부로 국회의원 소집
- 00시 36분경 : 계엄군 국회 본청 유리창 깨고 진입
- 00시 49분 : 국회 본회의 개의
- 01시 01분 : 여야 국회의원 비상계엄 해제 요구 결의안

  발의 및 만장일치로 가결(재석 190명)
- 01시 10분경 : 계엄군 철수 시작
- 04시 26분 : 윤석열 대통령 대국민 담화 통해

  계엄 해제 선언
- 05시 04분 : 국무총리실, 국무회의에서

  계엄 해제안 의결 발표

평범한 화요일 저녁이었다. 일터에서 돌아온 직장인들은 지친 몸을 침대에 맡기고, 학생들은 끝나지 않는 시험 준비에 세상을 원망했다. 특별할 게 없는 평범한 하루가 흘러가고 있었다.

늦은 밤, 대통령이 긴급 담화를 한다는 소식이 전해졌다. 오후 10시가 넘은 시간이었다.

대통령 계엄령 선포(12월 3일 22시 28분)

ⓒ 연합뉴스

존경하는 국민 여러분, 저는 대통령으로서 피를 토하는 심정으로 국민 여러분께 호소드립니다.

지금까지 국회는 우리 정부 출범 이후 22건의 정부 관료 탄핵 소추를 발의하였으며, 지난 6월 22대 국회 출범 이후에도 10명째 탄핵을 추진 중에 있습니다.

이것은 세계 어느 나라에도 유례가 없을 뿐 아니라 우리나라 건국 이후에 전혀 유례가 없던 상황입니다.

판사를 겁박하고 다수의 검사를 탄핵하는 등 사법 업무를 마비시키고, 행안부 장관 탄핵, 방통위원장 탄핵, 감사원장 탄핵, 국방 장관 탄핵 시도 등으로 행정부마저 마비시키고 있습니다.

국가 예산 처리도 국가 본질 기능과 마약범죄 단속, 민생 치안 유지를 위한 모든 주요 예산을 전액 삭감하여 국가 본질 기능을 훼손하고 대한민국을 마약 천국, 민생 치안 공황 상태로 만들었습니다.

민주당은 내년도 예산에서 재해대책 예비비 1조 원, 아이 돌봄 지원 수당 384억 원, 청년 일자리, 심해 가스전 개발 사업 등 4조 1천억 원을 삭감하였습니다.

심지어 군 초급간부 봉급과 수당 인상, 당직 근무비 인상 등 군 간부 처우 개선비조차 제동을 걸었습니다.

이러한 예산 폭거는 한마디로 대한민국 국가 재정을 농락하는 것입니다.

예산까지도 오로지 정쟁의 수단으로 이용하는 이러한 민주당의 입법 독재는 예산 탄핵까지도 서슴지 않았습니다.

국정은 마비되고 국민들의 한숨은 늘어나고 있습니다.

이는 자유대한민국의 헌정질서를 짓밟고, 헌법과 법에 의해 세워진 정당한 국가기관을 교란시키는 것으로써, 내란을 획책하는 명백한 반국가 행위입니다.

국민의 삶은 안중에도 없고 오로지 탄핵과 특검, 야당 대표의 방탄으로 국정이 마비 상태에 있습니다.

지금 우리 국회는 범죄자 집단의 소굴이 되었고, 입법 독재를 통해 국가의 사법·행정 시스템을 마비시키고, 자유민주주의 체제의 전복을 기도하고 있습니다.

자유민주주의의 기반이 되어야 할 국회가 자유민주주의 체제를 붕괴시키는 괴물이 된 것입니다.

지금 대한민국은 당장 무너져도 이상하지 않을 정도의 풍전등화의 운명에 처해 있습니다.

친애하는 국민 여러분,

저는 북한 공산 세력의 위협으로부터 자유대한민국을

수호하고 우리 국민의 자유와 행복을 약탈하고 있는 파렴치한 종북 반국가 세력들을 일거에 척결하고 자유 헌정질서를 지키기 위해 비상계엄을 선포합니다.

저는 이 비상계엄을 통해 망국의 나락으로 떨어지고 있는 자유 대한민국을 재건하고 지켜낼 것입니다.

이를 위해 저는 지금까지 패악질을 일삼은 망국의 원흉 반국가 세력을 반드시 척결하겠습니다. 이는 체제 전복을 노리는 반국가 세력의 준동으로부터 국민의 자유와 안전, 그리고 국가 지속 가능성을 보장하며, 미래 세대에게 제대로 된 나라를 물려주기 위한 불가피한 조치입니다.

저는 가능한 한 빠른 시간 내에 반국가 세력을 척결하고 국가를 정상화시키겠습니다.

계엄 선포로 인해 자유대한민국 헌법 가치를 믿고 따라주신 선량한 국민들께 다소의 불편이 있겠습니다마는, 이러한 불편을 최소화하는 데 주력할 것입니다.

이와 같은 조치는 자유대한민국의 영속성을 위해 부득이한 것이며, 대한민국이 국제사회에서 책임과 기여를 다한다는 대외 정책 기조에는 아무런 변함이 없습니다.

대통령으로서 국민 여러분께 간곡히 호소드립니다.

저는 오로지 국민 여러분만 믿고 신명을 바쳐 자유 대한민국을 지켜낼 것입니다. 저를 믿어주십시오.

감사합니다.

윤석열 대통령이 계엄령을 선포했다. 군사 독재 이후 45년 만의 일이다.

SNS와 각종 커뮤니티가 들불처럼 타올랐다. 단체 메신저 방의 메시지 수는 순식간에 몇 백을 돌파했다. 어이가 없고 당혹스럽다는 반응이 대부분이었다. 학생들은 충격 받은 부모님의 표정을 보았다고 전했다. 비상식적인 상황을 도무지 믿을 수 없어 딥페이크 영상이 유포된 줄 알았다는 반응도 있었다.

특히 큰 충격을 받은 건 계엄령을 다시 겪게 된 사람들이었다. 과거를 생각하니 속이 울렁거린다고 했다. 계엄령을 겪어보지 않은 가족들에게 연락을 돌리며 '정치적 행동을 하지 말라', '위험하니 절대로 밖에 나가지 말라'고 신신당부하는 일도 일어났다.

그야말로 교과서나 역사 서적에서만 보던 일이 눈앞에 펼쳐지고 있었다.

박안수 육군참모총장이 계엄사령관으로 임명되었고, 이내

계엄포고령이 발표되었다.

ⓒ 연합뉴스

계엄포고령(2024.12.3.)

자유대한민국 내부에 암약하고 있는 반국가세력의 대한민국 체제전복 위협으로부터 자유민주주의를 수호하고, 국민의 안전을 지키기 위해 2024년 12월 3일 23:00부로 대한민국 전역에 다음 사항을 포고합니다.

1. 국회와 지방의회, 정당의 활동과 정치적 결사, 집회, 시위 등 일체의 정치활동을 금한다.
2. 자유민주주의 체제를 부정하거나, 전복을 기도하는 일체의 행위를 금하고, 가짜뉴스, 여론조작, 허위선동을 금한다.
3. 모든 언론과 출판은 계엄사의 통제를 받는다.
4. 사회혼란을 조장하는 파업, 태업, 집회행위를 금한다.
5. 전공의를 비롯하여 파업 중이거나 의료현장을 이탈한 모든 의료인은 48시간 내 본업에 복귀하여 충실히 근무하고 위반시는 계엄법에 의해 처단한다.
6. 반국가세력 등 체제전복세력을 제외한 선량한 일반 국민들은 일상생활에 불편을 최소화할 수 있도록 조치한다.

이상의 포고령 위반자에 대해서는 대한민국 계엄법 제9조(계엄사령관 특별조치권)에 의하여 영장없이 체포, 구금, 압수수색을 할 수 있으며, 계엄법 제14조(벌칙)에 의하여 처단한다.

2024.12.3.(화) 계엄사령관 육군대장 박안수

ⓒ 연합뉴스

입법부와 시민들은 결코 가만히 있지 않았다. 계산할 틈도 없이 국회의사당으로 달려나갔다. 용산에서 아르바이트를 하던 청년은 뉴스를 보자마자 국회로 뛰쳐나왔다고 했다. 두려웠지만 목숨을 걸고 가족들과 함께 국회에 나왔다는 시민의 증언도 있었다.

의원들과 함께 온 보좌관들도 마찬가지였다. 퇴근한 지 한참이던 보좌관들은 계엄령 소식에 깜짝 놀라 국회로 달려갔고, 의원들보다 먼저 국회에 도착했다. 하지만 신분증을 제출했음에도 불구하고 국회로 출입할 수 없었다. 경찰에 가로막

혔기 때문이다. 서울경찰청 국회경비대와 서울경찰청 6기동
단 등이 국회의원의 국회 출입을 막는 등 봉쇄 작전에 참여했
다.

미리 국회에 들어와 있던 의원들은 아직 오지 못한 의원들
에게 속히 국회로 들어올 것을 호소했다.

모든 야당은 똘똘 뭉쳐서 윤석열 대통령의 불법 계엄
령 선포를 막을 것입니다. 현재 계엄령 해제를 위한 151
명 국회의원이 못 들어온 상태입니다. 바깥에서 군 경찰
에 의해서 국회의원의 진입이 방해받고 있습니다. 저희
들은 무사히 들어왔지만, 들어오지 못한 분들이 있습니
다. 국회의원들은 수단과 방법을 가리지 말고 담을 넘어
서라도 들어와주십시오. 불법적인 계엄령 선포 해제해야
합니다.

-조국(조국혁신당 대표)

윤석열 대통령이 비상계엄을 선포했습니다. 비상계엄
해제 의결을 해야하는데 군대를 동원하여 국회의원을 체
포할 가능성이 매우 높습니다. 국회로 와 주십시오. 늦은

시간이긴 하지만, 국민 여러분께서 이 나라를 지켜주셔
야 합니다. 저희도 목숨을 바쳐 이 나라 민주주의 꼭 지
켜내겠습니다. 우리의 힘만으로는 부족합니다. 이 나라의
주인이신 국민 여러분께서 나서주셔야 합니다.

-이재명(더불어민주당 대표, 12월 3일 라이브 방송 중)

국회로 가는 차에서 라이브 방송을 켠 이재명 대표는 한 손
에 핸드폰을 들고, 다른 손으로 국회 담장을 넘었다. 방송 송출
상 문제가 생겼는지 소리는 들리지 않았지만, 뚜벅뚜벅 걸어
가 한 손으로 담을 넘는 이 대표의 모습을 보면 당시의 긴급한
상황을 충분히 체감할 수 있다. 이 라이브 영상은 12월 11일 기
준 유튜브 조회수 270만을 넘기며 큰 화제가 되었다.

우원식 국회의장도 담을 넘었다. (국회의장이 담을 넘은 자
리에 '국회의장이 비상계엄 해제를 위해 담 넘어간 곳'이라는
종이를 붙여 이를 기념하기도 했다.) 많은 의원이 몸을 사리지
않고 자기 자리를 지켰다.

국민의힘 한동훈 대표는 여의도에 있는 국민의힘 중앙 당
사에 도착해 기자들과 만나 "요건에도 맞지 않은 위법한 위헌
적인 비상계엄 선포다. 비상계엄을 반드시 막아내겠다. 국민

께서는 안심해 주길 바란다. 반드시 저희가 위법, 위헌적인 비상계엄을 막아낼 것"이라고 입장을 밝혔다.

계엄군 국회 진입 시도 (12월 3일 23시 50분~)

계엄군이 국회로 진입하기 시작했다. 서울 도심에서 장갑차 목격담도 속속 등장했다. 상공에 떠 있던 군 헬기는 11시 50분경 국회 운동장에 착륙했고, 계엄군이 차례로 경내로 들어왔다. 특전사와 수방사에 소속된 최정예 부대들이 국회 본청의 정문을 가로막았다.

국회 본청 앞에 모여 있던 보좌진과 시민들은 계엄군을 가로막으며 대치했다. 무기를 든 계엄군 앞에 맨몸으로 맞선 것이다. 국회 밖에 모여 있던 시민들은 국회 앞으로 모여드는 계엄군을 붙잡고, 국회 진입을 온몸으로 막으려 했다.

진입에 실패한 계엄군은 12월 4일 오전 0시 7분, 건물 외부 창문 쪽으로 이동했고 결국 0시 34분, 유리창을 깨고 본청 진입에 성공했다. 본회의장이 있는 3층 로텐더홀(중앙 로비)까지 빠르게 들어왔으나, 국회의원 보좌진들이 입구를 막아섰다.

본청으로 진입하는 계엄군을 막기 위해 가구와 집기로 바리케이드를 만든
사람들   ⓒ 서울의소리

국회 직원들과 힘을 합쳐 계엄군을 막아낼 것을 주장하는 보좌진
                                                          ⓒ 서울의소리

소화기를 터트려 계엄군 진입을 저지하는 국회 직원들   ⓒ 연합뉴스

시민들은 자발적으로 시위에 나섰다. 현장에서는 자연스럽게 '계엄령을 해제하라'는 구호가 터져 나왔다. 공수 부대를 태운 헬기가 국회로 진입하던 때였다. 기자들과 유튜버들은 현장에서 라이브 방송을 켰고, 국회 앞으로 나와 함께 해 달라는 외침이 물결처럼 퍼져 나갔다.

시민들의 시위 현장과 그 위를 지나가는 헬기   ⓒ서울의소리

국회 본회의 개의(12월 4일 00시 49분)

  국회의장 우원식은 재적 인원의 과반이 출석하자 오전 0시 49분 본회의를 열었다. 안건 상정이 늦어지고 회의가 진행되지 않자, 마음이 급해진 의원들이 불만을 토로하기도 했다. 의

장은 침착한 태도로 의원들을 달래며 적법한 절차로 회의가 시작되길 기다렸다.

10여 분이 지난 오전 1시경, 국회에서 비상계엄 해제 요구 결의안 안건이 상정되었고, 재석 190석 만장일치로 결의안이 가결되었다. 계엄 해제 요구안이 가결되면 대통령이 계엄령을 '지체없이' 해제해야 한다. 이제 국무회의와 대통령의 입장 표명만이 남아 있었다. 의원들은 혹시 모를 상황을 대비해 국회를 떠나지 않았고, 시민들은 집에서, 국회 앞에서 모든 상황을 숨죽이며 지켜보았다.

결의안이 가결된 지 3시간 만에, 대통령은 오전 4시 26분이 되어서야 대국민 담화를 발표했다.

대통령 계엄 해제 선언 (12월 4일 04시 26분)

존경하는 국민 여러분. 저는 어젯밤 11시를 기해 국가의 본질적 기능을 마비시키고 자유 민주주의 헌정 질서를 붕괴시키려는 반국가 세력에 맞서 결연한 구국의 의지로 비상계엄을 선포하였습니다.

그러나 조금 전 국회의 계엄 해제 요구가 있어 계엄 사무에 투입된 군을 철수시켰습니다.

바로 국무회의를 통해 국회의 요구를 수용하여 계엄을 해제할 것입니다.

다만, 즉시 국무회의를 소집하였지만, 새벽인 관계로 아직 의결 정족수가 충족되지 못해서 오는 대로 바로 계엄을 해제하겠습니다.

그렇지만, 거듭되는 탄핵과 입법 농단, 예산 농단으로 국가의 기능을 마비시키는 무도한 행위는 즉각 중지해줄 것을 국회에 요청합니다.

약 30분 뒤, 국무총리실의 발표가 이어졌다. 새벽 4시 반 한덕수 국무총리가 주재한 국무회의에서 국회가 요구한 계엄 해제안이 의결되었다고 밝혔다. 이로써 12월 3일에 선포된 계엄령은 약 6시간 만에 공식 해제되었다. '12.3 비상계엄 사태'도 이렇게 마무리되는 듯했다.

계엄령, 처음 나온 이야기가 아니다

이번 계엄령은 우발적으로 일어난 해프닝이었을까, 아니면 예견된 문제였을까. 어쩌다 계엄령이 우리의 일상을 흔들어 놓게 된 걸까? 우리와 동떨어진 일같지만 사실 2016년에도 관련 사건이 있었다.

대통령이 국민과 싸우기로 작정을 한 모양이다. 박사모를 시켜 물리적 충돌을 준비하고, 시간을 끌며 지지층 결집을 시도하고 사정기관에 (대통령을) 흔들지 말라는 신호를 보내고 있다. 이렇게 한 다음 최종적으로 계엄령까지 준비한다는 말도 나온다.

－추미애(2016년 당시 더불어민주당 대표)

2016년은 박근혜·최순실 게이트로 대한민국이 떠들썩하던 해였다. 계엄령 언급에 관해 당시 사람들의 반응은 어땠을까.

청와대와 새누리당(현 국민의힘)은 추미애 의원의 발언을 공개적으로 비판했다.

제1야당의 대표가 유언비어 유포의 진원지, 진앙지가 되고, 당사자가 된다는 것은 매우 정말 불행한 일입니다.
-이정현(당시 새누리당 대표)

매우 유감스럽게 생각합니다. 제1야당의 책임있는 지도자가 하기에는 너무나 무책임한 선동입니다.
-정연국(당시 청와대 대변인)

추미애 의원의 발언을 지적한 것은 여당과 청와대뿐만이 아니었다. 더불어민주당의 핵심 당직자는 "정치 지도자로서 최악의 가능성에 대해서도 경계해야 하지만, 공연히 국민들의 불안감을 키울 수 있다."며 추미애의 발언을 꼬집었다고 한다. 같은 당내에서도 조심스럽다는 의견이 제기될 정도였으니, 당시 사람들의 반응도 짐작할 수 있겠다.

그러나 정권이 교체된 후 추미애 의원의 주장이 단순한 의혹 제기가 아니었다는 사실이 드러났다.

2018년 국방부가 작성한 문건들이 공개된 것이다. 2017년

2월에 작성된 <위수령에 대한 이해>, <군의 질서유지를 위한 병력 출동 관련 문제 검토>가 바로 그것이다. 같은 해 3월에 국군기무사령부(이하 기무사)에서 작성한 <전시 계엄 및 합수 업무 수행방안(계엄령 문건)>이 국방부 장관에게 보고되었다. 이 문서가 작성되어 보고된 시기는 12월 9일, 국회에서 박근혜 탄핵소추안이 가결된 뒤 헌법재판소의 선고를 기다리던 때였다. 탄핵 심판 결과에 불복할 대규모 시위대로 인한 혼란에 대비해 위수령[1]이나 계엄 선포에 대한 절차와 부대 운용 방식을 검토한 것이다.

기무사의 시도가 친위 쿠데타[2]이므로 기무사를 해체하거나 해체에 준하는 개혁을 해야 한다는 주장과 단순한 비상 대비용이라는 주장이 대립했다. 기무사 위수령 논란에 대해 최초 보도한 JTBC의 주장에 반박하는 언론이 등장하며 진실 공방이 이어졌다.

2018년 7월 8일, 자유한국당 일각에서는 기무사의 위수령

---

[1] 대통령령에 근거한, 육군 부대가 지역의 경비와 시설물의 보호를 맡는 명령을 뜻한다. 계엄령과 달리 국회의 동의를 얻을 필요가 없고, 대한민국 군사독재에 이용되는 경우가 많았다. (2018년 9월 11일 국무회의에서 폐지되었다.)

[2] 합법적 수단을 통해 권력을 소유하고 있던 국가 지도자가 입법부를 해체하거나 헌법을 무효화하여 정상적 상황에서는 허용되지 않는 극도로 강력한 권력을 쟁취하는 행위

이나 계엄령 검토는 비상 대비용이며, 기무사를 해체해야 한다는 주장은 정치공세라며 반박에 나섰다. 그러나 2018년 7월 20일, 청와대에서 계엄령 문건에 딸린 대비계획 세부 자료를 발표하며 상황이 뒤집혔다. 계엄을 성공시키기 위해 보안 유지하에 선포할 방법과, 계엄군 주요 길목 장악 등 선제 조치 여부, 계엄 선포문과 포고문이 준비되어 있었던 것이다. '이 문건으로 기무사가 계엄령 선포를 검토만 한 것이 아니라 실제 실행을 염두에 두었다고 생각하느냐'라는 질문에 대변인은 '판단은 여러분의 몫으로 돌린다'고 답했다. 사실상 친위 쿠데타를 시도했다는 정황이 드러난 것이다.

이어 2018년 7월 24일, 군인권센터는 이한열기념관에서 계엄령 문건에 딸린 대비 계획 세부 자료를 설명하며, 해당 문건이 5.18 광주민주화운동처럼 시민을 적으로 간주하고 군사 작전을 구상한 반란 행위이자 쿠데타 모의라고 비판했다.

결국 2018년 9월 1일 국군기무사령부가 군사안보지령부로 재편되었고, 계엄령 준비 논란을 일으켰던 기무사가 역사 속으로 사라지며 일단락되었다. 하지만 2022년 11월 1일, 윤석열 정부가 기관 명칭을 국군방첩사령부로 변경하면서 계엄령 문제는 새로운 국면을 맞이했다.

2022년 5월, 윤 대통령은 반대 여론이 상당했음에도 불구하고 대통령실을 무리하게 용산으로 이전했다. 이에 대해 더불어민주당의 박선원 의원은 "윤 대통령이 탄핵 당할 위기에 처한다면 친위 쿠데타 내지는 친위 경비계엄을 준비하고 있는 것이 아닌가" 한다는 의혹을 제기하기도 했다. 계엄령 논란이 거세진 것은 2024년 8월 12일, 대통령과 동문인 충암고 출신의 김용현 경호처장이 국방부 장관 후보자로 지명된 후였다. 야당은 적극적인 비판에 나섰다.

차지철[3] 스타일의 야당 '입틀막' 국방부 장관으로의 갑작스러운 교체와 대통령의 뜬금없는 반국가 세력 발언으로 이어지는 최근 정권 흐름의 핵심은 국지전과 북풍 조성을 염두에 둔 계엄령 준비 작전이라는 것이 저의 근거 있는 확신입니다.……

……탄핵 국면에 대비한 계엄령 빌드업 불장난을 포기하길 바랍니다. 계엄령 준비 시도를 반드시 무산시키겠습니다.

김민석(더불어민주당 최고 위원,
2024년 8월 21일 최고 위원 회의)

---

3 박정희 정부 시절의 대통령 경호실장으로, 1979년 유신 헌법에 반대하며 일어난 부마항쟁을 두고 "캄보디아에서는 300명을 죽이고도 까딱없었는데 부산, 마산 시민 100~200만 정도 죽인다고 까딱있겠습니까"라는 말을 한 것으로 알려져 있다.

김용현 장관은 2022년 5월부터 2024년 9월까지 대통령 경호처장이었고, 그의 재임 기간 대통령 경호원실에 의해 '입틀막 사건'이 일어났다. 2024년 2월 16일, 대통령 경호원들이 한국과학기술원(KAIST, 이하 카이스트) 학위 수여식에서 대통령에게 불만을 토로하던 카이스트 대학원생 신민기의 입을 틀어막았고, 그럼에도 계속 목소리를 내자 그의 사지를 들어 행사장 밖으로 끌어냈다. 이 사건은 각종 예능과 방송에서 풍자될 만큼 세간의 이슈였고, 비판 여론이 높아질 수밖에 없었다.

　동문 출신인 데다 과잉 진압 논란이 있는 자를 굳이 국방부 장관으로 임명하려는 저의는 무엇인가. 이러한 의문에서 계엄령 의혹도 시작되었다. 더불어민주당의 이재명 당 대표 및 김민석 최고 위원은 계엄령 의혹을 제기하며 적극적인 비판에 나섰는데, 그 근거는 다음의 두 가지였다.

　첫 번째, 대통령이 집권 초부터 실체를 알 수 없는 '반국가 세력'이라는 용어를 지속적으로 언급했다는 것이다.

　　"적대적 반국가 세력과 협치 불가능"

　　　　　　　-2022년 10월 19일 (원외당협위원장 초청 오찬 행사)

"반국가 세력들 여전히 활개"

-2023년 8월 15일(광복절 경축사)

"반국가 세력들, 자유민주주의 위협"

-2023년 9월 15일(인천상륙작전 전승 기념식)

"우리 사회 내부에 반국가 세력들 곳곳서 암약"

-2024년 8월 19일(을지 자유의 방패 훈련 첫날)

여당 혹은 대통령에 비판적인 세력을 반국가 세력으로 매도할 뿐 아니라 국가 공동의 적으로 간주하며 전쟁을 선포한 것이다.

두 번째, 이른바 '충암파'로 불리는 세력을 계엄 준비를 위한 충신으로 확보하고자 했다는 것이다. 충암파라는 이름에서 알 수 있듯 김용현뿐만이 아니다. 2023년 11월 국군방첩사령관으로 임명된 여인형(중장·육사 46기) 또한 충암고 출신이다. 그의 재직 기간 방첩사가 기무사를 계승하겠다는 명목으로 다시 전두환과 노태우 사진을 걸어 논란이 되기도 했다. 이후 국방부 장관의 증언에 의해 여인형 사령관이 계엄사령부 포고령 1호 작성자라는 정황이 드러났다.

김용현 장관은 윤석열 대통령의 고등학교 1년 선배로, 본인 증언에 따르면 대통령과는 학도 호국단에서 만난 사이다. 야당의 공세가 예측되는 상황에서 군이 논란이 있는 동문을 군 요직에 임명할 이유가 없지 않다. 육군 대장 출신 김병주 더불어민주당 의원은 군에 충암고 친정 체제가 만들어졌다고 비판하기도 했다.

이러한 의혹에 대한 여당과 대통령실의 반응은 어땠을까.

근거를 제시해 주십시오. 만약에 진짜 그렇다면 우리도 막을 겁니다. 그런데 그게 사실이 아니라면 이건 국기를 문란하게 하는 것 아니겠습니까? 단순한 레토릭(Rhetoric, 미사여구)이 아니라 계엄을 준비하고 있다는 정도의 거짓말이라면 이건 국기 문란에 해당한다고 저는 생각합니다.

한동훈(국민의힘 대표,
2024년 9월 2일 국민의힘 최고 위원 회의)

대통령실에서는 "(이재명 대표가) 있지도 않고, 정부가 하지도 않을 계엄령을 주장하는 것은 정치 공세라고밖에 볼 수 없다." "지금 국회 구조를 보면 계엄령을 선포하더라도 바로 해제될 게 뻔하고 엄청난 역풍일 텐데 왜 하겠는가. 상식적이지 않다"고 입장을 밝혔으며, 국민의힘에서는 윤희석 대변인이 "민주당이 아무런 논리도, 근거도 없는 계엄령 음모론에 연일 불을 지피고 있다."고 말하며 오히려 '제 발 저린 민주당의 다급함' 때문이 아니냐며 거센 비판에 나섰다.

일부 보수 언론 또한 비판에 가담했다. '뉴데일리'에서는 계엄령 의혹 제기에 대해 "언제까지 선동정치로 혹세무민할 건가"라는 제목의 기사를 내보냈고, '문화저널21'에서는 "무책임한 야당 대표의 계엄령 음모론, 근거는 차차(?)", '월간조선 뉴스룸'은 이재명 대표와 김민석 의원을 비판했다. 2024년 9월 4일 '조선일보'의 오피니언 지면에는 "국민을 바보로 아는 계엄령 괴담"이라는 글까지 게재될 정도였다.

결국 12월 3일 계엄령이 선포된 이 시점에서, 계엄령 루머에 관한 정치권 공방은 단순히 진영논리로 치부할 문제가 아니다.

2장

계엄령이란 무엇인가

계엄령이란?

헌법 제77조에 따르면, 계엄령이란 전쟁 상황, 사변 또는 이에 준하는 국가비상사태에서 발동하는 것으로, 해당 지역 내 행정권 혹은 사법권을 군이 담당하는 것이다. 헌법에 보장된 국민의 기본권을 제한할 수 있는 제도이며, 대통령의 고유 권한이다. 현재 대한민국을 포함한 최소 20여 개국에서 계엄을 법으로 규정하고 있다.

장기 계엄을 선포한 국가로는 중화민국(대만)이 있다. 중화인민공화국(중국)과의 내전에서 패배하고 타이완섬으로 쫓겨난 중화민국(대만)은 1949년부터 1987년까지 무려 38년간 계엄령을 시행했다. 현재 러시아와 전쟁 중인 우크라이나에도 계엄령이 선포되어 적용되고 있다.

대한민국의 계엄령은 사실 일본의 영향을 받았다. 일본은 프랑스의 국가긴급권을 모델로 삼아 계엄(戒嚴, 적이 쳐들어

왔을 때 방어와 대비를 굳게 한다)이라는 제도를 만들었으며[4], 1910년 일본이 한국을 강제 점령한 후 우리나라에도 일본의 계엄법이 적용되었다. 광복 후 1948년, 제헌 헌법에서 계엄에 관한 내용이 규정되어 최초로 법적 근거를 마련했고, 정부 수립 초 혼란스러운 상황으로 인해 1949년 11월 24일이 되어서야 계엄법이 만들어졌다.

헌법 제64조

대통령은 법률의 정하는 바에 의하여 계엄을 선포한다. (1948. 7. 17.)

계엄법 제16조

비상계엄지역내에 있어서는 전조 또는 좌기의 죄를 범한 자는 군법회의에서 이를 재판한다. 단 계엄사령관은 당해 관할법원으로 하여금 이를 재판케 할 수 있다. (1949. 11. 24.)

---

4   백윤철, "한국의 계엄사에 관한 연구," 군사 (서울: 국방부군사편찬연구소, 2008), 66.

헌법 제77조

①대통령은 전시·사변 또는 이에 준하는 국가비상사태에 있어서 병력으로써 군사상의 필요에 응하거나 공공의 안녕질서를 유지할 필요가 있을 때에는 법률이 정하는 바에 의하여 계엄을 선포할 수 있다.

②계엄은 비상계엄과 경비계엄으로 한다.

③비상계엄이 선포된 때에는 법률이 정하는 바에 의하여 영장제도, 언론·출판·집회·결사의 자유, 정부나 법원의 권한에 관하여 특별한 조치를 할 수 있다.

④계엄을 선포한 때에는 대통령은 지체없이 국회에 통고하여야 한다.

⑤국회가 재적의원 과반수의 찬성으로 계엄의 해제를 요구한 때에는 대통령은 이를 해제하여야 한다. (1987. 10. 29.)

우리나라 계엄법은 계엄을 경비계엄과 비상계엄으로 나누고 있다. 전시·사변 또는 이에 준하는 비상사태로 질서가 교란된 지역에 선포되는 것을 경비계엄으로, 전쟁 또는 전쟁에 준하는 사변에 있어서 적의 포위 공격 등으로 사회 질서가 극도로 교란된 지역에 선포되는 것을 비상계엄이라 칭한다.

경비계엄은 계엄사령관이 군사에 관련한 행정권과 사법권

만 담당하지만, 비상계엄은 계엄사령관이 계엄령이 발동된 지역의 행정, 사법권을 모두 담당하게 된다. 그 계엄사령관을 대통령이 임명하니, 사실상 대통령이 모든 사법권과 행정권을 갖는 구조인 셈이다.

정리하자면 계엄은 국가적 비상사태가 발생한 경우에 발동된다. 계엄의 목적은 국가를 수호하고 헌정질서를 수호하기 위한 것이며 일정한 지역, 혹은 국가 전체에 걸쳐서 행정권이나 사법권의 전부 혹은 일부를 군대가 관할하고 국민의 기본권 일부를 제한할 수 있는 국가긴급권이다.[5] 계엄령이 지속되면 군사 권력이 비대해지고 국민의 기본권이 침해되어 민주정치의 원칙이 훼손될 우려가 있다. 그러므로 계엄령은 최후의 수단으로만 사용되어야 한다.

---

5   고문현 , 고문철, "계엄에 관한 연구," 법학논총 47 (2020): 517 - 558.

대한민국 역대 계엄령

그렇다면 대한민국 정부가 수립된 후 지금까지 총 몇 번의 비상계엄이 선포되었을까?

관련 정부		선포일	사건	비고
이승만	1	1948년 10월 25일	여수 순천 사건	계엄법 제정 전 발동
이승만	2	1948년 11월 17일	제주 4.3사건	계엄법 제정 전 발동 (1949. 11. 시행)
이승만	3	1950년 7월 8일	6.25 전쟁	
이승만	4	1950년 12월 7일		
이승만	5	1951년 12월 1일		
이승만	6	1952년 5월 25일	부산 정치 파동	
이승만	7	1960년 4월 19일	4.19 혁명	서울특별시 전역
박정희	8	1961년 5월 16일	5.16 군사정변	역대 최장계엄 (총 569일)
박정희	9	1964년 6월 3일	6.3 항쟁	
박정희	10	1972년 10월 17일	10월 유신	
박정희	11	1979년 10월 18일	부마 민주항쟁	

최규하	12	1979년 10월 27일	10.26 사태	제주도를 제외한 전국에 선포 신군부, 5월 17일 비상계엄 전국 확대
윤석열	13	2024년 12월 3일	야당의 '입법 독재' (대통령의 표현)	45년 만에 선포

이번 2024년 12월 3일을 포함해, 대한민국에서는 총 13번의 비상계엄이 선포되었다. 안타깝게도 대한민국의 계엄은 실제 국가 비상사태에 발동되기도 했지만, 정치적 혼란을 무마하려는 권력자들의 수단으로 남용되기도 했다. 제주 4·3 사건을 진압하고자, 군사정변을 통해 합법적인 정부로부터 권력을 빼앗는 수단으로, 굴욕적인 한일회담에 반대하는 시위가 일어나자 이들을 억누르기 위해, 10월 유신을 반대하며 들고 일어난 부산·마산의 시민들을 탄압하고자, 일명 '서울의 봄'으로 불리는 민주화 요구를 억누르고 권력을 찬탈하려던 신군부에 의해 계엄령이 발동되었다. 그 과정에서 많은 시민들이 탄압받고 심지어는 목숨을 잃기도 했다.

특히 눈여겨볼 것은 친위 쿠데타였던 부산 정치 파동과 10월 유신이다. 국회에서의 지지세력이 미약했던 이승만 대통령은 국회에서 대통령을 선출하는 간접 선거제로는 재선 가능성이 없었다. 결국 재선을 위해 대통령 직선제로의 개헌을 도모하고 수도인 부산 일대에 비상계엄을 선포한 뒤 국회의원들을 체포하였다. 이후 경찰과 군대로 국회를 포위한 상황에서, 토론 없는 기립 표결로 대통령 직선제로의 개헌을 통과시켰다(발췌 개헌, 1952).

박정희 정부 또한 장기 집권을 위해 계엄령을 이용했다. 1971년 대선 김대중 후보의 돌풍으로 큰 타격을 입었으며, 냉전 체제가 완화되는 국제 분위기로 인해 반공을 내세워 권력을 유지했던 박정희 정부에 위기가 찾아온 것이다. 1972년 10월 17일 대통령 특별 선언을 통해 국회 해산, 정당 및 정치 활동의 중지 등 헌법의 일부 기능을 정지시키고 비상 계엄령을 선포했다(10월 유신, 1972).

이처럼 대한민국 계엄 선포의 역사는 헌정 질서의 유린, 독재 정치의 역사와 같은 길을 걸어왔기에, 계엄에 대한 국민의 반감이 상당할 수밖에 없다. 법률 전문가들 사이에서도 교육수준과 사회 참여가 높아진 지금, 계엄의 실효성에 대한 의문이 꾸준히 제기되고 있다.

3장

12.3
계엄령의 문제

법적 문제

대한민국 헌법 제77조에 따르면, 대통령은 전시, 사변 또는 이에 준하는 국가비상사태에 있어서 병력으로써 군사상의 필요에 응하거나 공공의 안녕질서를 유지할 필요가 있을 때는 법률이 정하는 바에 의하여 계엄을 선포할 수 있다. 그렇다면 2024년 12월 3일이 헌법에서 규정하는 '국가비상사태'였을까. 이에 대해서는 비상사태의 정의가 굉장히 모호하기에, 탄핵이라는 정치적 위기에 몰린 대통령의 모면책으로 계엄령이 선포되었다는 의견이 많다.

12.3 계엄령은 '국가비상사태'에 발동되어야 한다는 전제조건을 어겼기 때문에 그 자체로 위헌, 위법적 성격을 갖고 있다. 이에 따라 선포된 계엄포고령은 법적 정당성이 없다.

특히 이번 포고령에 국회, 정당 활동, 결사와 시위 등 일체의 정치 활동을 금지한다는 규정이 있다. 국회의 과반이 계엄령 취소를 결의할 때 이를 수용해야 한다고 헌법 제77조에 규정함에도 말이다. 비상계엄령을 해제하는 유일한 방법이 국회의 결의인데, 경찰은 국회를 막고 점거했으며 계엄군은 국회 본회의장 진입을 시도했다. 이는 국회의 입법권을 직접적으로 침해하는 행위다.

그뿐만 아니다. 그날 밤, 시민들이 계엄포고령을 보며 기합한 이유는 포고령에서 전공의를 포함한 '의료진'을 반국가 세력으로 규정했기 때문이다. 의료인은 48시간 내 본업으로 복귀해야 하며, 그렇지 않으면 영장 없이 체포 및 구금, 압수수색을 당할 수 있다. 이후 12월 12일 담화에서 대통령은 '2시간짜리 계엄이 어디 있냐, 경고성 조치였다'라고 말했으나, 포고령에는 '48시간 내 강제 복귀'를 명시했다. 단순한 경고 수준을 넘어 법적 강제력을 담보로 실행을 촉구하는 것이다. 특히 48시간이라는 구체적 제한과 조치를 명시하여 의료인의 자유를 박탈하고 국가 권력에 굴종하기를 요구했다. 포고령을 보면 알 수 있듯 계엄령을 빌미로 눈에 거슬리는 세력을 '처단'하려던 것이다.

계엄법 제2조 2항에 따르면, 대통령이 계엄을 선포하거나 변경하고자 할 때는 국무회의의 심의를 거쳐야 한다. 그러나 12월 3일 계엄령을 선포하기 전 적법한 절차에 따라 국무회의가 진행되었는지에 대한 논란이 있다. 국무회의 기록을 담당하는 행정안전부의 의정관이 참석하지 못했으며, 기록과 속기, 개회 선언 및 종료 선언이 이루어지지 않았다는 한덕수 국무총리의 증언이 있었다(2024. 12. 11. 비상계엄 사태 관련 국회 대정부 질문). 이에 대해 더불어민주당의 윤건영 의원은 '이번 계엄 선포 국무회의는 국무회의가 아닌 것'이라고 말했고, 한 총리 또한 동의한다는 입장을 밝혔다.

또한 계엄법 제2조 6항에 따르면, 국방부 장관 또는 행정안전부 장관은 2항에 해당하는 사유가 발생한 경우, 국무총리를 거쳐 대통령에게 계엄의 선포를 건의할 수 있다고 되어 있으나, 한 총리는 계엄 건의 절차가 국방부 장관에서 총리를 거치지 않았다고 주장하며, 국무위원들이 반대했음을 거듭 강조했다. 어찌되었든 총리를 거치지 않고 일어난 계엄법 제안은 계엄법 상 하자로 해석된다.

이러한 법적 근거에 따라 헌법학자들과 각계 인사들은 이번 12.3 사태를 계엄의 탈을 쓴 내란으로 간주하였다. 형법 제87조에 따르면 내란은 국가 권력을 배제하거나 국헌을 문란하게 할 목적으로 폭동을 일으키는 것이며, 여기서 말하는 국헌 문란은 헌법 또는 법률의 절차를 무시하고 헌법 및 법률 기능을 소멸시키는 행위, 국가 기관을 강압적으로 전복하거나 권능 행사를 불가능하게 하는 행위(형법 제91조)다. 국회의원 체포와 구금 시도 정황, 계엄군의 국회 본회의장 진입, 서울 시내에 장갑차를 동원한 사실은 헌법과 법률을 위배하고 국회를 무력화하며, 국헌 문란을 목적으로 폭동을 일으킨 명백한 내란죄라고 할 수 있다.

12월 11일, 비상계엄 특별수사본부(본부장 박세현 서울고검장)는 내란 중요임무 종사와 직권남용 혐의로 구속수감된 김용현 국방부 전 장관에 대한 구속영장에서 윤 대통령이 김 전 장관과 내란을 공모했다고 밝혔다. 검찰이 윤석열 대통령을 내란의 우두머리로 콕 집어 지적한 것은 아니지만, 김용현 국방부 장관의 유일한 상급자가 윤석열 대통령인 만큼 사실상 내란 수괴로 판단하고 수사 중이다. 비상계엄 사태의 위법성을 인정한 법원의 첫 판단이다.

사회, 경제적 문제

계엄령 직후 원/달러 환율이 1~2시간 만에 1,446원대까지 치솟았다. 산업연구원(국내외 산업기술과 관련된 경제 동향을 연구하는 정부 연구기관)은 '국제신용기관이 한국 국가신용등급을 변경하지 않은 상황이지만, 탄핵 문제가 장기간 지속될 경우 국가신용등급이 하향할 가능성이 있다'는 입장을 밝혔다.

계엄령 일주일 후, 12월 10일에는 1,420원대로 마감했던 환율이 하향 안정세를 이어가지 못하고 11일에 다시 1,430원대를 돌파했다. 이러다 환율이 1,500원으로 오르는 것이 아니냐는 우려의 목소리가 커지고 있다. 전문가들은 향후 2주간의 정치적 상황이 환율 1,500원대를 가르는 분기점이 될 것이라고 분석한다. 원/달러 환율이 치솟았다는 것은 이번 계엄 사태로 인해 대한민국의 정치적 불안정성이 커지고 그에 따른 투자 안정성이 하락했다는 것을 말한다. 물론 계엄 이외에도 다양한 요인들이 복합적으로 작용했겠지만 계엄 사태의 영향을 부정할 수 없다.

12월 3일 이후 외국인 투자자들이 국내 금융 업종에 대한 투자를 철회하고 있다는 점 또한 불안정한 정치 상황이 국내 경제에 미치는 악영향을 보여준다.

국내 거래소의 비트코인 가격이 일시적으로 폭락하는 현상도 발생했다. 국제적으로 거래되는 자산인 코인은 국가 리스크로부터 자유롭다는 평가를 받았는데, 왜 이번 사태에 국내 비트코인 가격이 폭락한 것인가. 주식 시장과 달리 코인은 24시간 365일 거래되기 때문에 사건, 사고가 발생하면 바로 영향을 받는다. 계엄으로 인한 자산 불안이나 거래 정지 위험 때문에 코인을 매도하는 사람이 속출하면서 고스란히 영향을 받은 것이다. 투자자들은 '몇 시간 동안 지옥을 오갔다'며 하소연하기도 했다.

자영업자들도 이번 계엄으로 큰 피해를 보았다. 12월은 송년회나 회식 등 연말 행사가 모인 이른바 '연말 특수'로 특별한 경제적 이익을 볼 수 있는 기간이다. 그러나 비상계엄의 여파로 송년회나 회식이 줄줄이 취소되었다. 급변하는 시국으로 인해 불안을 느낀 사람들이 움직임을 최소화하는 것이다.

12월 4일 토요일 예약을 받았던 식당들이 그 피해를 고스란히 안아야 했다. 코로나 위기와 높은 물가에 간신히 버티던 자영업자들은 다시 한 번 큰 벽을 마주하고 좌절했다. 전국 소상공인 1,630명을 대상으로 한 소상공인연합회의 설문에서는 소상공인의 90%가 계엄령 사태 이후 매출이 줄었다고 응답했다. 그중에 '매출이 절반 이상 감소했다'는 응답이 36%로 가장 큰 비중을 차지했다. 연말 특수가 사라진 지금 소상공인은 불안정한 시국뿐만 아니라 눈앞에 닥친 생계를 걱정해야 하는 처지가 되었다.

이번 계엄 사태는 국민들에게도 트라우마로 남았다. 자다가 일어나면 혹시 무슨 일이 생긴 건 아닐까 불안해하며 뉴스를 보는 게 며칠간의 일상이었다. 전문가들은 TV나 인터넷 방송을 통해 실시간으로 비상계엄 사태를 지켜본 만큼 정신적 충격이 상당했을 것이라고 평가한다. 정신건강의학과 의사들은 12월 12일 시국 선언을 발표하며 이번 사태로 국민들이 심각한 폭력 트라우마, 즉 외상 후 스트레스 장애를 겪고 있다고 밝혔다.

12월 3일 이후 이틀간 텔레그램(메신저) 신규 설치 건수가 평소 대비 5배나 급증하였는데, 이는 카카오톡이나 문자 메시지 유출을 우려한 불안이 반영된 것으로 보인다. 3일부터 4일까지 편의점 및 온라인 쇼핑몰의 생필품 매출도 대폭 늘었다. 계엄 소식을 들은 시민 일부는 편의점으로 달려가 상비약과 생필품을 구매했다. 모 편의점의 경우 봉지 라면과 생수, 즉석밥의 매출이 전날 같은 시간대에 비해 2배 가량 늘었고, 통조림은 기존보다 3배 가량 많이 팔렸다고 한다. SNS 상에서는 2차 계엄에 대비해 현금을 인출하고 자산을 외국 자산이나 금으로 바꾸어야 한다는 주장이 제기되기도 했다. 계엄이 일상 경제에 미친 파급을 엿볼 수 있는 대목이다.

국제 위상적 문제

경제 강국에 둘러싸인 우리로서는 잘 체감하지 못하지만, 대한민국은 세계적인 경제 강국이다. 비록 몇 년 사이 약간의 추락을 겪었으나, 대한민국의 국내 총생산(GDP)은 세계 14위로, 명백히 선진국 반열에 있다고 볼 수 있다. 나아가 아시아 민주주의의 선두 주자 격 국가이기도 하다. 군사 독재 정권에 맞서 싸운 수많은 민주화 운동가와 시민들이 있었고, 1987년 6월 항쟁을 통해 민주화를 이룩해 냈다. 홍콩이나 미얀마에서 민주화 운동이 진행될 때, 광주 5.18 민주화운동을 상징하는 '임을 위한 행진곡'이 울려 퍼지는 등 민주화 운동의 역사의 본보기가 되어 왔다.

그러나 이번 사태로 인해 국제 사회에서 한국에 대한 신뢰도 추락 우려가 커졌다. 전통적으로 우호적인 관계를 맺어 왔던 미국과의 관계도 그렇다. 한미연합사령부가 대한민국 국군에 대한 작전 통제권을 갖고 있음에도 불구하고, 윤석열 정부는 해당 정보를 전달하지 않았다. 계엄령 선포 직후, 필립 골드버그 주한 미국대사가 조태열 외교부 장관에게 급히 전화를 걸었으나 받지 않았다고 한다. 당시 골드버그 대사를 비롯한 미국 측에서 우리 정부의 고위 당국자들과 연락을 시도했으나 연결이 되지 않거나, 상황 설명을 제대로 듣지 못한 것으로 전해졌다. 미국 주한대사관은 이번 사태에 대해 '외교적인 논의 세부 사항에 대해 밝히지 않겠다'는 입장을 냈지만, 일각에서는 주한 미국 대사관이 매우 불쾌한 감정을 표출했다는 증언도 있었다.

백악관은 한국 시각 12월 4일 새벽, 한국의 계엄령 선포 소식을 전달 받지 못했다고 밝혔다. 이후 미국 커트 캠벨 국무부 부장관이 첫 공식적인 입장을 발표했는데, 윤 대통령의 계엄 선포에 대해 '심하게 잘못된 판단(badly misjudged)', '매우 문제가 있고(deeply problematic) 위법적(illegitimate)'이라는 언어를 사용했다. 이는 외교 관례상 매우 강도 높은 비판이다. 이어 한국 시각 6일 언론 브리핑에서 베단트 파텔 미국 국무부 부대변인은 '한미동맹은 특정 대통령이나 정부를 초월한 파트너십'이라는 입장을 밝혔는데, 이는 윤석열 정부를 인정하지 않겠다는 입장으로 해석될 수 있다는 전문가 의견도 있다.

방한 예정이었던 국가들의 방문 일정 취소 및 연기가 이어
졌다. 계엄이 선포된 12월 3일, 키르기스스탄의 대통령은 대
한민국에 머물고 있었다. 외교 업무를 진행하던 중 계엄을 맞
닥트린 키르기스스탄 대통령의 심정은 어땠을까. 그는 다음
날 예정된 방산 업체 방문 일정을 취소하고, 이동 동선을 최소
화했다. 12월 5일부터 7일까지로 예정되어 있던 스웨덴 총리
의 방한이 전격 취소되고 무기한 연기되었으며, 내년 1월 방문
예정이었던 일본 이시바 시게루 총리의 방한 또한 불투명해졌
다. 외교부 고위 당국자들의 외국 출장 일정도 줄줄이 취소되
었다. 독일과 스페인을 방문 중이던 김홍균 외교부 제1차관은
일정을 앞당겨 12월 4일에 귀국했으며, 강인선 제2차관은 12
월 4일 예정되어 있던 아랍에미리트(UAE) 출장 일정을 보류
했다. 주한대사관들은 한국에 머무는 자국민들에게 비상 연락
망을 배포하거나 안전에 유의할 것을 당부했다.

글로벌 기업 또한 한국 방문 자제를 요청하는 내부 메일을
돌렸다. 마이크로소프트(MS)는 비상계엄 발표 직후 전체 임
직원에게 메일을 보냈다. 한국 출장을 자제하고 활동에 주의
를 기울이라는 내용이었다. 구글 또한 국내 기업과의 협력 관
계를 강화하기 위해서 12월 중에 방한할 예정이었지만, 미국
정부가 여행 주의 지침을 내리자 일정을 조정하기로 했다.

한편, 계엄이 선포되던 때 경기도에서 유엔의 교육과학문화기구(UNESCO, 유네스코) 국제 포럼이 진행중이었다. 지난 2021년 유네스코가 '미래를 위한 교육 변혁'을 주제로 보고서를 발표한 후, 첫 국제 포럼 장소로 대한민국의 경기도를 선택해 학교 방문 일정을 마무리한 참이었다. 하필 각국 교육계 인사와 유네스코 교육 당국자들이 방문한 이 시기에 계엄이 터진 것이다.

외신은 한국의 계엄 선포와 해체 과정을 자세히 전하며 한국 민주주의의 파문을 우려했다. BBC는 '이번 계엄선포가 미국의 1월 6일 의회 폭동[6]만큼이나 민주주의 국가라는 한국의 평판을 손상시킬 것'이라고 분석했으며, 일본 아사히 신문 또한 이번 사태를 두고 '한국 민주주의에 입힌 상처의 대가는 너무나도 크다'고 전했다.

---

6 2021년 1월 6일, 당시 도널드 트럼프 대통령 지지자들이 워싱턴 연방의회 의사당에 난입한 사건

4장

12.3 계엄령의 영향

국회의 대응

12월 3일 계엄 해제 요구 결의안

재석 190석/찬성 190 (만장일치)

총 300	야당- 192석						여당(국민의힘)- 108석	
	진보당 (3)	사회 민주당 (1)	기본 소득당 (1)	조국 혁신당 (12)	더불어 민주당 (170)	개혁 신당 (3)	친한파	친윤파
	계엄 해제 찬성	계엄 해제 찬성	계엄 해제 찬성	계엄 해제 찬성	계엄 해제 찬성	계엄 해제 찬성	계엄 해제 찬성 (표결 참여)	친윤파 아닌 일부 의원들과 함께 표결 불참
재석 인원	2	1	1	12	154	1	18	

무소속(1), 국회의장은 표결권 없음

12월 7일 탄핵소추안

재석 195석

투표 불성립 (의결 정족수 3분의 2 채우지 못함)

야당							여당(국민의힘)- 108석	
진보당	사회 민주당	기본 소득당	조국 혁신당	더불어 민주당	개혁 신당		친한파	친윤파
3	1	1	12	170	3	안철수 김예지 김상욱	투표 거부	투표 거부

(김상욱, 반대표 던졌다고 고백)

12월 14일 탄핵소추안

의원 300명 전원 참여

300표 중 204표로 재적의 3분의 2 이상이 찬성하여 탄핵 가결

재석	가(可)	부(否)	기권	무효
300	204	85	3	8

각계의 반응

먼저, 계엄 해제를 주도했던 더불어민주당과 조국혁신당을 제외한 정계의 반응은 이렇다.

비상계엄 선포 직후 친한계와 친윤계는 엇갈린 행보를 보였다. 친한계는 윤석열 대통령의 탈당을 요구하며 입장을 표명했으나, 친윤계는 비상계엄 해제 요구 결의안에 불참하는 등 유보적인 자세를 보였다. 비상계엄 선언 이후 당의 대처에 실망했다며 국민의힘 당원들이 온라인 커뮤니티에 탈당 완료 알림톡을 인증하는 글을 업로드하는 등 이른바 '탈당 러시'가 일어나기도 했다.

기본소득당 또한 입장을 표명했다. 용혜인 기본소득당 대표는 '헌정을 유린하는 것을 넘어, 민주주의를 압살하겠다고 비상계엄을 선포한 것이다.' '국민 여러분, 민주공화국 대한민국을 함께 지킵시다. 민주주의를 지키기 위해 저는 국회로 향한다'고 발언했다.

허은아 개혁신당 대표는 '윤석열 정부는 비상계엄을 즉시 철회하라'고 촉구하며, 여야 긴급회담을 촉구했다. 자신의 페이스북에 '혼이 비정상이네요. 매를 벌어요'라고 글을 올린 이준석 의원은 국회 앞에서 출입을 금지 당했는데, 이때 '너네 지금 본회의장 표결하는 즉시 내란죄야! 빨리 열어, 비상계엄이 불법 계엄인데 뭔 소릴 하는 거야?' '어떤 xx한테 명령을 받았길래 이런 소릴 해, 국회의원이 국회에 못 들어가는 게 말이 돼?'라며 원색적인 표현으로 거세게 항의했다. 결국 12월 4일 2시 10분경이 되어서야 국회에 진입해 표결에는 참석하지 못했다.

진보당 수석 대변인 홍성규는 현 정권을 '지금 이 순간 윤석열 대통령이야말로 민주주의와 자유를 무참히 짓밟고 있는 대한민국의 반국가 세력'이라고 표현했다.

원외 정당인 소수 야당도 일제히 윤석열 대통령의 계엄을 규탄했다. 꾸준히 의석을 확보했으나 2024년 총선에서 원외 정당이 된 정의당은 계엄 선포 당일 당원 총동원령을 내려 여의도 국회의사당 앞에 집결했다. 이후 '대통령의 비상계엄이 헌법 제77조를 정면으로 위반한 반헌법적 폭거'라고 주장하며 '윤석열 대통령은 비상계엄 선포를 당장 철회하라'는 입장을 표명했다. 녹색당은 12월 4일 긴급 성명을 내며 "대한민국 민주주의 역사에 유례없는 폭거"라며 "종북과 반국가 세력 척결이라는 비현실적이고 시대착오적인 발상으로 반헌법적 테러를 정당화하려 하고 있다"고 비판했다. 이후 정의당, 노동당, 녹색당 등 진보 3당은 12월 4일 서울 서초구 중앙지검에 윤석열 대통령, 김용현 국방부 장관, 박안수 육군참모총장에 대한 고소장을 제출했다. 비상계엄을 선포한 윤석열 대통령을 내란죄로 고소한 것이다. 민주당의 이낙연 계파가 떨어져 나와 형성된 새미래민주당 또한 비판에 나섰다. 이낙연 상임고문은 '윤 대통령의 계엄선포가 오히려 국가를 혼란에, 국민을 불안에 빠뜨렸다. 비상계엄은 즉각 해제되어야 한다.'고 밝혔으며, 12월 4일 전병헌 대표는 "윤석열 대통령은 계엄령을 해제하고 국가 체제를 정상으로 환원시키지 않는다면 국민의 저항과 심판을 피할 수 없을 것"이라고 말했다.

시민단체 및 노동단체들은 일제히 성명을 내며 적극적인 대응에 나섰다. 참여연대는 12월 3일 '윤석열 대통령의 계엄선포는 민주사회에서 용납할 수 없고, 그 자체로 위헌·위법하다'고 밝히며 윤석열을 더 이상 대통령으로 인정할 수 없다고 비판했다. 민주노총 또한 '반민주 계엄을 국민은 용서하지 않을 것'이라며 경고에 나섰다. 군인권센터 또한 긴급 성명을 통해

'비상계엄 선언은 불법이자 대한민국 국민에 대한 선전포고이며, 윤석열 대통령의 친위쿠데타'라고 밝혔다. 그러면서 군인들을 향해 '부모, 형제, 자식, 친구를 상대로 총을 겨눠선 안 된다.'는 입장을 덧붙였다. 2022년 발족되어 윤석열 정부 퇴진 운동을 이어왔던 시민단체 촛불행동은 12월 4일 긴급 성명을 통해 국회는 지금 당장 비상계엄 해제를 의결하고 윤석열을 탄핵해야 하며, 범국민 탄핵 항쟁에 나설 것을 촉구하였다.

또한 전국 각지에서 활동 중인 민주노총, 참여연대, 한국진보연대 등 1,549개 노동, 시민, 사회단체들은 12월 11일 12시 30분경 기자 회견을 열어 '윤석열 즉각퇴진·사회대개혁 비상행동' 발족을 선언했다.

법조계는 계엄 사태의 법적 문제를 분석하며 윤석열 대통령의 계엄 선포를 내란죄로 규정하는 성명을 발표했다. 민주사회를 위한 변호사 모임은 12월 3일 11시경 '윤석열 대통령의 비상계엄 선포는 헌법에 위배되는 권한행사'라는 제목의 성명을 발표하며 '자신을 비판하는 시민들을 반국가 세력으로 몰아세운 윤석열 대통령은 스스로 사퇴하라'고 촉구했다.

대한변호사협회 또한 12월 4일 새벽 비상계엄을 해제할 것을 촉구하며 성명을 냈는데, '대통령의 비상계엄 선포가 헌법을 위반한 행위임을 선언'하고 '헌법과 법률을 수호해야 하는 대통령의 사명을 직시하라'고 주장했다.

언론계에서도 진영을 막론하고 유례없는 비판에 나섰다. 한국기자협회와 한국PD연합회 등 9개의 언론 단체는 서울 광화문 프레스센터 앞에서 긴급 기자 회견을 열고 '내란수괴 윤석열의 즉각 퇴진과 구속 수사를 촉구한다'는 입장을 밝혔다.

학계의 반응도 이례적으로 빨랐다. 서울대학교 교수회는 12월 4일 새벽 2시 계엄령의 종식을 요구하였는데, 이는 학계 최초의 계엄령 종식 선언이다. 역사학회, 한국역사연구회 등 60개 단체는 12월 6일 성명을 내며 '윤석열의 직무정지는 매우 필요하고도 시급하다'는 입장을 표명했다. 인문·이공계를 막론한 각종 연구단체, 특히 카이스트의 교수들은 '지난 2월 학문의 전당에서 표현의 자유가 억압되고 민주적 가치가 훼손됐음에도 침묵했다. 이 같은 횡포가 온 국민을 향하는 지금 우리는 반성하며 목소리를 낸다'며 '입틀막 사건'을 언급하고 시국 선언에 동참했다.

학생들도 시국 선언을 적극적으로 발표하고 있다. 12월 4

일 서울대학교 총학생회장과 단과대 학생회장 명의로 비상계엄 선포를 규탄하는 성명을 발표하였다. 각지의 대학교에서는 시국 선언과 대자보 게시가 이루어지고 있다. 중, 고등학생들 또한 계엄 사태에 적극적으로 대응하고 있다. 간디고등학교에서 12월 6일, 윤석열의 탄핵을 요구하는 시국 선언을 발표하였으며 이어 송곡여고(12월 8일)와 인천여고(12월 9일)에서도 시국 선언을 발표하였다. SNS를 활발하게 이용하는 학생들의 특성상 SNS와 단체 연락망을 적극 활용해 실명 선언을 이어 나가는 추세다.

정치적 중립이 요구되는 공무원들도 적극적인 의사 표명에 나서고 있다. 12월 6일 공무원 노조는 시국대회를 열어 내란죄 피의자인 윤석열 대통령의 퇴진을 요구했다. 이어 12월 9일, 연가 투쟁에 돌입할 것을 선언하였는데, 공무원은 파업 등 쟁의 행위가 금지되어 연가를 사용해 업무를 거부하는 방식으로 투쟁에 나선 것이다. 그중 특기할 만한 것은 정치적 중립성의 문제로 교실에서 정치 이슈를 다루는 데 어려움을 겪는 교사들이다. 그들 또한 이번 사태에 참지 않고 용기를 냈다. 전국교직원노동조합은 12월 3일 성명을 내며 '권력 상실의 위기 앞에서 계엄이라는 비상식적이고 반헌법적 조처를 취한 윤석열은 이제 더 이상 대통령이 아니다'라는 입장을 표명했다.

교과 교사 모임 중에서는 전국역사교사모임이 12월 5일 최초로 시국 선언을 발표하였다. '사회는 정의와 평화, 인권을 지향하며 앞으로 나아가며, 국민에게 맞선 권력이 어떤 최후를 맞이하는지를 학생들에게 답하겠다'며 윤석열의 퇴진을 요구했다. 전국국어교사모임과 전국사회교사모임의 시국 선언이 그 뒤를 이었다.

계엄포고령에 의해 반국가 세력으로 간주 당한 의료계 또한 시국 선언에 나섰다. 대한전공의협의회는 12월 5일 시국 선언을 통해 '계엄령 선포와 포고령 작성의 진상을 규명하고, 전공의를 특정해 반국가세력으로 규정한 것을 사과하고 관련자를 처벌하라'고 촉구했다. 한편, 국내에서 '저속노화' 열풍을 일으킨 서울아산병원 정희원 교수 또한 평소 활동하는 X(트위터)에 '제 마음도 어수선하고 울적합니다. 오늘만큼은 컴포트 푸드를 먹는 것도 괜찮을 것 같습니다.'라는 글을 게재하였다.

종교계의 반응은 어떨까?

천주교는 한국의 민주화와 결을 같이 해왔다. 특히 1976년 구성된 천주교정의구현전국사제단은 박정희 유신체제와

1980년대 신군부의 독재 정권하에서 민주화운동을 도우며 운동가들의 인권을 보호하고 사회 정의를 실현하는 데 앞장섰다. 이미 11월 28일 천주교 사제 1,466명은 '어째서 사람이 이 모양인가!'라는 제목의 시국 선언을 발표한 바 있다. 이번 계엄 사태에서도 한국천주교주교회의에서는 12월 4일 비상계엄에 대한 책임과 사과를 강력히 촉구하며 한국 민주주의를 지켜나갈 것을 지지하고 연대한다는 입장을 밝혔다. 제주교구, 광주대교구 등 각 지역 교구에서는 시국 미사가 거행되었다.

정치적으로 보수적인 성향을 띠는 개신교 교단들도 비판에 나섰다. 대한예수교장로회의 교단 지도자들이 12월 4일 성명을 내며 '윤석열 대통령은 대국민 사과와 함께 철저하게 진상을 밝힐 것'을 촉구했다. 진보적인 성향의 한국기독교교회협의회도 '대통령의 비상계엄 선포는 위헌'이라는 입장을 표명했다. 대한성공회 또한 '기본적인 권리와 민주주의의 근본을 침해한 데 대해 깊은 우려와 슬픔을 표한다', '윤석열 대통령은 대한민국 헌법과 국민의 기본권을 사적으로 침해한 책임을 지고 대답해야 한다'고 밝혔다.

다만 한국기독교총연합회는 12월 10일 성탄절 메시지를 발표하며 '서로가 화해하지 못하고, 양보하지 못하며 싸움을 일삼고 대립하는 것에 대해 회개하고, 누구의 탓을 하기 전에 국가와 지도자를 우리의 기도가 부족했음을 시인하고 기도해야 한다'는 입장을 밝혀 계엄 사태에 대한 책임을 언급하지 않고 양비론적 입장을 내세웠다.

불교 종단인 태고종은 12월 4일 총무원장의 명의로 성명을 발표하였다. '평온한 민주의 밤을 깨고 느닷없이 선포한 윤석열 대통령의 비상계엄에 강한 유감을 밝힌다', '윤대통령의 무소불위의 오만과 독선이 그대로 노출된 결과'라는 내용이 담긴 성명서는 참회와 관련 인물 해임을 요구하며 강력한 비판에 나섰다. 한국 불교의 최대 교단인 대한불교조계종 또한 12월 5일 발표한 입장문에서 '국민 누구도 공감할 수 없는 역사의 후퇴'라며 '국민의 민주적 자부심에 큰 상흔을 남긴 이번 사태를 현명한 지혜로 바로잡아야 한다'고 밝혔다.

전국장애인차별철폐연대(전장연)은 12월 4일 시국 성명을 발표하며 '윤석열은 헌법 파괴자이며 민주주의 파괴를 시도한 반민주 내란범이다'는 입장을 표명함과 동시에 '윤석열은 집권 이후 줄곧 유엔장애인권리협약을 무시하고 전국장애인차별철폐연대를 탄압해 왔다'며 윤석열을 장애인 권리 약탈자로 규정하였다.

12.3 이후 타임라인

12월 4일

-   대통령비서실장과 수석비서관 전원 등 참모진 사의 표명
-   국무위원(장관) 전원이 한덕수 총리에게 사의를 표명했으나 한덕수 총리는 '내각은 국가 안위와 국민을 위해 흔들림 없이 소임을 다하라'는 입장 표명
-   야권 6당(더불어민주당, 조국혁신당, 개혁신당, 진보당, 기본소득당, 사회민주당), 윤석열 탄핵소추안 발의 후 국회 제출

12월 5일

-   탄핵소추안 국회 본회의 보고
-   추경호 원내대표, 국민의힘이 탄핵소추안 반대를 당론으로 확정했음을 밝힘
-   윤석열 대통령, 김용현 국방부 장관의 사임 수용

- 한동훈 국민의힘 대표, 혼란으로 인한 국민 피해를 막기 위해 탄핵안이 통과되지 않도록 노력하겠다는 입장 밝힘
- 국회 긴급 현안 질의(오전)에서 보건복지위원회, 국방위원회, 행정안전위원회 개의
  :보건복지부 장관, 국방부 차관, 행정안전부 장관 대상으로 한 질의
- 국회 긴급 현안 질의(오후)에서 국방위원회, 행정안전위원회 속개
  :계엄사령관 박안수, 김선호 국방부 차관 출석, 조지호 경찰청장 대상으로 한 질의
- 박안수, 계엄포고령 및 병력 배치에 대한 질의응답에 제대로 답변하지 못함
- 조지호, '저희들이 했던 행위가 내란이라고 생각하지 않는다' 발언

12월 6일
- 미국 국방부 장관 방한 취소
- 조경태 국민의힘 의원, 대통령 탄핵 찬성 의사 표명
- 더불어민주당 이재명 대표, 국민의힘 한동훈 대표에게

여야 대표회담 제안

- 더불어민주당 포함 야5당(개혁신당 제외)과 시민단체,
  '내란 동조 국민의힘 규탄 및 탄핵소추안 가결 촉구'
  기자회견
- 국방부, 계엄령 지휘한 수도방위사령관, 국군방첩사령
  관, 육군특수전사령관 직무 정지
- 국민의힘 한동훈 대표, '윤석열 대통령의 조속한 직무
  정지'가 필요함을 공식 언급
- 안철수 국민의힘 의원, '윤석열 대통령 퇴진 계획 밝히
  지 않을 시 탄핵소추안에 찬성할 것'
- 군인권센터, 2차 계엄 정황 포착했음을 폭로
- 우원식 국회의장, 긴급 담화문 발표

12월 7일

- 윤석열 대통령 3차 대국민 담화 발표(2분 8초)
  :당에 권력을 일임하겠다는 입장 표명
- 대규모 퇴진 집회(윤석열 탄핵 범국민 촛불 대행진)
- 더불어민주당 이재명 대표 및 당 지도부 내외신 기자
  간담회
- 김건희 특검법, 윤석열 대통령 탄핵소추안 표결

- 김건희 특검법 부결, 윤석열 대통령 탄핵소추안 투표
  불성립

12월 8일
- 김용현 전 국방부 장관 검찰청 특수수사본부에 자진
  출석해 심야 수사
- 국민의힘 한동훈 대표, '윤석열 대통령의 6개월 이내
  자진사퇴를 요구할 것'
- 김용현 전 국방부 장관 긴급 체포
- 한동훈, 한덕수 총리-여당 국정 공동 운영 대국민 담화
- 더불어민주당 김민석, 우원식, 이재명 긴급 기자회견
- 추미애 의원, 유튜브 채널 통해 계엄 문건 입수 긴급
  기자회견

12월 9일
- 국회 법제사법위원회 전체 회의 법무부 장관 대상 질의
- 법무부, 윤석열 대통령 출국금지 조치

12월 10일
- 국민의힘 김상욱 의원 기자회견

- 김용현 전 장관, 구치소에서 자살 시도
- 국회 제418회(정기회) 제18차 본회의
  :내란 행위 진상규명을 위한 특별검사의 수사요구안,
  내란범죄혐의자 신속체포요구결의안 모두 가결

12월 11일
- 국회 제419회(임시회) 제1차 본회의 긴급현안질문
- 국민의힘 윤상현 의원, '비상계엄은 대통령의 통치행
  위이기 때문에 법률적으로 문제가 없다' 주장
- 경찰 국가수사본부 비상계엄 특별수사단, 용산 대통령
  실, 합동참모본부 압수수색 시도
- 12.3 사태 공동조사본부 출범(경찰 국가수사본부, 고위
  공직자범죄 수사처, 국방 조사본부)

12월 12일
- 윤석열 대통령 4차 대국민 담화
- 국회 제419회(임시회) 제2차 본회의
- 법무부 장관 탄핵소추안, 경찰청장 탄핵소추안, 윤석
  열 정부의 위헌적 비상계엄 선포를 통한 내란 행위의
  진상규명을 위한 특별검사 임명 등에 관한 법률안, 윤

석열 대통령 배우자 김건희의 주가조작 사건 등의 진
상규명을 위한 특별검사 임명 등에 관한 법률안 모두
가결
- 야6당, 윤석열 대통령에 대한 2차 탄핵소추안 국회 제출

12월 13일
- 국회 현안 질의
- 김어준(딴지일보 총수), 과학기술정보방송통신위원회
  에 참고인으로 출석해 한동훈 사살 및 북한군 위장 작
  전 증언(사실관계 확인되지 않음)
- 국회 제419회(임시회) 제3차 본회의 개최

12월 14일
- 3시부터 국회의사당 앞 대규모 시민 집회 진행
- 제419회(임시회) 제4차 본회의에서 윤석열 대통령 탄
  핵소추안 가결
- 윤석열 5차 대국민 담화

12월 15일
- 본격적인 탄핵 정국: 한덕수 권한 대행 체제

한덕수 국무총리가 12.3 내란 사태 수사의 피의자인 만큼 탄핵안이 가결될 가능성이 있다. 국무총리에 대한 탄핵안이 가결되면 정부조직법에 따라 기획재정부 장관이 권한 대행을 맡게 되지만, 최상목 장관도 내란 방조 혐의가 있어 이주호 부총리 겸 교육부 장관에게 권한 대행이 넘어갈 가능성이 있다.

대한민국 헌법 제71조

대통령이 궐위되거나 사고로 인하여 직무를 수행할 수 없을 때에는 국무총리, 법률이 정한 국무위원의 순서로 그 권한을 대행한다.

정부조직법 제22조

(국무총리의 직무대행) 국무총리가 사고로 직무를 수행할 수 없는 경우에는 기획재정부장관이 겸임하는 부총리, 교육부장관이 겸임하는 부총리의 순으로 직무를 대행하고, 국무총리와 부총리가 모두 사고로 직무를 수행할 수 없는 경우에는 대통령의 지명이 있으면 그 지명을 받은 국무위원이, 지명이 없는 경우에는 제26조 제1항에 규정된 순서에 따른 국무위원이 그 직무를 대행한다.

5장

관련 용어 및 개념

삼권 분립의 구조

삼권 분립이란?

민주주의 국가의 기본 원칙으로, 국가의 권력을 입법부(법을 제정), 사법부(법률 적용하여 재판), 행정부(법률 집행으로 국가 운영) 세 기관으로 분리한다. 기능적으로 서로를 견제하며 어느 한 기관의 권력이 커지지 못하도록 균형을 맞춘다. 권력이 몰리는 것을 방지하여 국민의 자유와 권리를 보장하기 위함이다.

입법부: 국회의 구조 및 중요 규칙

입법 절차

의안(의결이 필요한 안건)이 발의되면 국회 본회의에 보고된다. 관련 상임위원회에서 법에 대한 심사 및 상정(회의에서 심의를 시작함)을 거친 뒤, 본회의에서 심의 및 표결을 실시한

국회의 구조

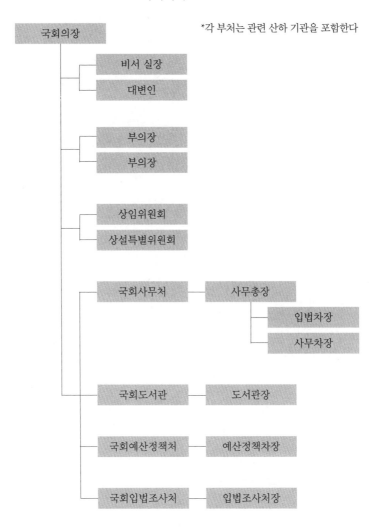

*각 부처는 관련 산하 기관을 포함한다

국회의장

- 비서 실장
- 대변인

- 부의장
- 부의장

- 상임위원회
- 상설특별위원회

- 국회사무처 — 사무총장
  - 입법차장
  - 사무차장

- 국회도서관 — 도서관장

- 국회예산정책처 — 예산정책차장

- 국회입법조사처 — 입법조사처장

다. 일반적으로 재적 의원의 과반수가 참석해야 하며, 출석 위원의 과반수가 동의할 시 가결되어 대통령에 의해 법률이 공포된다.[7]

정기회와 임시회

국회 회의에는 정기회와 임시회가 있다. 정기회는 매년 1회 정기적으로 열리는 회의로 매년 9월 1일에 집회한다(그날이 공휴일인 경우 그다음 날에 집회). 기간은 100일 이내이며, 법률안 및 기타 안건을 처리하고 교섭단체 대표 연설이나 대정부 질문을 실시한다. 임시 회의는 대통령 또는 국회 재적 의원 4분의 1 이상이 요구할 시 개최할 수 있으며, 기한은 30일 이내다. 주요 현안에 대한 정부 측의 설명을 듣고 대책을 논의하며, 법률안이나 기타 안건을 처리한다.

2024년의 정기회는 제418회 국회였으며, 기간은 9월 2일부터 12월 10일(100일)까지였다. 더불어민주당은 국회에 임시회를 소집할 것을 요청했고, 국회법상 국회의장은 임시회의 집회 요구가 있을 시에는 사흘 전 공고해야 하므로 우원식 국회의장이 12월 6일, 국회는 제419회 국회(임시회)를 12월 11

---

7 대통령 탄핵소추안의 경우 국회 재적 의원 과반수의 발의와 국회 재적 의원 3분의 2 이상의 찬성이 있어야 하며, 탄핵소추안이 가결될 시 탄핵심판까지 권한 행사가 정지된다.

일에 집회한다고 공고했다. 탄핵소추안이 가결되지 못할 때를 대비하여 임시회를 열고자 한 것이다. 부결된 안건은 같은 회기 내에 제출할 수 없다.

상임위원회

국회의 상임위원회는 국회의원으로 구성되며 본회의에 법률안을 부치기 전, 법안을 토론하고 다듬기 위해 구성되는 심사 조직이다. 법률안을 심사하고 예산과 결산안을 심사하는 기구로, 장관 등 정부의 고위 인사를 검증하는 인사청문회와 국정 감사(국가 행정 감사)를 대표 업무로 꼽을 수 있다.

사법부: 헌법재판소의 역할

(출처: 대법원 블로그)

	설립근거	주요기능	권한 및 관할	구성	역할과 목적
대법원	대한민국 헌법 제5장	주로 민사, 형사, 행정 등 일반 법률 사건을 다룸	1. 법률 해석 및 적용에 중점 2. 모든 법률 분야의 최종판결 3. 전반적 법률적 분쟁 해결	대법원장과 13인의 대법관 (대법원장) 대통령 임명 (대법관) 대법원장 제청으로 대통령 임명	법률 분쟁 해결과 법적 안정성 유지에 중점
헌법 재판소	대한민국 헌법 제6장	헌법과 관련된 사건을 다룸	1. 헌법 해석과 적용 2. 법률이 헌법에 위배되는지 여부 판단 3. 헌법적 권리침해여부 심사 4. 국가기관 간의 권한 분쟁 해결	재판관 9인 대통령, 국회, 대법원장이 3명씩 임명	헌법 수호와 기본권 보호, 국가기관 간 권력 균형 유지에 중점

일반 법률을 다루는 대법원과 달리, 헌법재판소는 헌법과 관련된 사건을 다룬다. 이번 12.3 내란 사태가 헌법을 위배한 행위이므로 탄핵소추안 가결 뒤 헌법재판소에 의해 탄핵 심판이 이루어진다. 국회가 헌법재판소에 탄핵 의결서를 제출하면 180일 이내에 선고해야 한다. 절차에 따라 재판관 전원이 모여 결정문을 작성하고 선고가 이루어진다. 전체의 3분의 2인 6명이 찬성했을 때 대통령의 탄핵이 결정된다.

헌법재판소의 재판관은 총 9인이 임명되지만, 현재 재판소는 6인의 재판관 체제로 운영되고 있으며 12월 9일, 우원식 대한민국 국회의장을 제출자로 하여 헌법재판관 3인에 대한 선출안이 국회에 접수되었다.

행정부: 행정부의 구조와 국무회의

각 부의 장관은 국무위원으로서 국무회의에 참석한다. 국무회의는 대통령 및 국무총리와 국무위원으로 구성된 회의로, 정부의 권한에 속하는 중요한 정책을 심의하는 자리다. 대통령은 국무회의의 의장으로 국무회의를 소집하고 주재한다. 헌법 제89조에 국무회의 심의 사안이 나열되어 있는데, 그중에는 대통령의 긴급명령·긴급재정경제처분 및 명령 또는 계엄과 그 해제가 포함되어 있다. 심의기관이므로 대통령의 결정에 대한 법적인 구속력은 없다.

행정부 구조

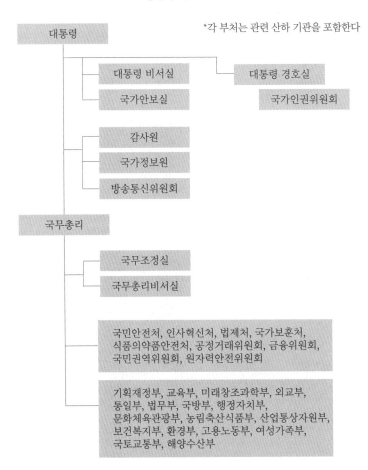

*각 부처는 관련 산하 기관을 포함한다

대통령

대통령 비서실
국가안보실

대통령 경호실
국가인권위원회

감사원
국가정보원
방송통신위원회

국무총리

국무조정실
국무총리비서실

국민안전처, 인사혁신처, 법제처, 국가보훈처, 식품의약품안전처, 공정거래위원회, 금융위원회, 국민권익위원회, 원자력안전위원회

기획재정부, 교육부, 미래창조과학부, 외교부, 통일부, 법무부, 국방부, 행정자치부, 문화체육관광부, 농림축산식품부, 산업통상자원부, 보건복지부, 환경부, 고용노동부, 여성가족부, 국토교통부, 해양수산부

정치·법률 관련 용어

정치 성향과 정당

보통 정치 성향을 진보와 보수로 구분한다. 진보는 좌파, 보수는 우파라고도 불린다.[8] 진보는 현재의 체제, 제도, 관습을 개혁하고자 하고, 변화를 통한 발전을 추구한다. 보수는 전통적인 가치를 지향하며 질서와 안정을 추구한다. 성소수자 정책, 여성 정책 등 사회 이슈 또는 경제 정책에 대한 관점에 따라 진보와 보수를 나누곤 한다. 그러나 시대의 변화에 따라 진보와 보수의 정의도 조금씩 바뀐다. 19세기에는 진보적이라 여겼던 자유주의가 21세기에는 보수적인 사상으로 여겨진다. 진보와 보수를 가르는 기준도 칼로 자르듯이 구분하기도 어렵다. 사회 이슈에 대해서는 진보적인 사상을 가진 사람이 경제나 안보 정책에서는 보수적인 입장을 견지할 수도 있다. 더불

---

8   진보와 보수를 좌파와 우파로 나눈 것은 18세기 프랑스 혁명 시기부터이다. 혁명 과정에서 등장한 국민의회 의석에서 공화주의를 주장했던 진보적인 성향을 가진 이들이 왼편, 왕을 지지하는 보수적인 성향을 가진 이들이 오른편에 착석했다.

어민주당 또한 한국에서는 진보 성향으로 간주되지만 실제로 는 중도 보수에 가까운 정당이다.

한국의 정당들

야당 (여당을 제외한 당)								여당 (대통령을 배출한 집권 정당)
원외정당 (국회 의석을 확보하지 못한 정당)	원내정당 (국회 의석을 확보한 정당)							
노동당 녹색당 새미래민주당 여성의당 정의당 등 49개	진보당 (3)	사회 민주당 (1)	기본 소득당 (1)	조국 혁신당 (12)	더불어 민주당 (170)	개혁 신당 (3)		국민의힘 (108)

어려운 법률 용어들

용어	설명
회기	국회가 활동하는 일정한 기간
집회	의회가 활동을 시작하기 위해 일정한 시간과 장소로 모이는 것

개의	회기 중에 당일의 본회의를 여는 것 (전체적인 회기 시작을 강조할 때는 개회라는 표현을 사용)
발의	의원이 제출하는 의안 (정부나 위원회가 제출하는 경우 '제출', '발의'와 '제출'을 포함하는 용어는 '제안')
의안	국회에서 심의하는 법률안, 예산안, 동의안 등과 같은 안건
법률안	국회에서 의결을 거쳐 법률로 통과시키기 위해 글로 쓴 초안
부의	안건이 본회의에서 심의할 수 있는 상태로 부친다는 뜻 (본회의에서만 사용)
상정	부의된 안건을 당일 회의에서 심의, 심사할 수 있도록 하는 것
정족수	국회에서 회의를 진행하고 의사를 결정하는 데 필요한 출석 의원의 수
가결	안건이 통과됨
부결	안건이 통과되지 아니함
의결	논의할 안건에 대하여 찬성과 반대하는 수에 따라 가결할지 부결할지를 결정하는 것
소추	국회가 고급 공무원에 대한 탄핵의 발의를 하고 헌법재판소에 그들의 파면을 요구하는 행위
산회	국회의 회의를 끝내는 것
공포	새로 제정되거나 개정된 법령을 일반 국민들에게 알려주는 행위 및 절차

인권과 기본권

인권과 기본권은 그 의미를 크게 구분하지 않고 동의어로 사용되는 경우가 많지만, 엄밀히 말하면 서로 다른 의미를 갖고 있다. 기본권의 정의에 대해서는 다양한 논의가 있으나 인권은 사람이라면 누구나 보장받아야 마땅한 권리, 즉 천부인권을 말하며, 기본권은 해당 국가의 국민이 헌법상으로 보장받아야 할 기본적인 권리를 말한다. 인권이 추상적이고 주관적인 개념이라 이를 법률상 보장하기 위해 명시한 것이 기본권이다. 대한민국 헌법에서는 '기본적 인권'이라는 표현을 사용한다.

이번 계엄 사태에서도 전문가들은 '인권'보다 '기본권'이라는 표현을 많이 사용했다. 12.3 내란 사태는 계엄령의 요건을 지키지 않은 그 자체로 위헌, 위법적인 성격을 가졌다. 불법적인 계엄령에 의한 포고령이 국민의 기본권을 제약하고 있어 엄중한 비판을 받았다.

저자의 말

12월 3일 밤이었다. 여느 때와 다르지 않은 평온한 하루의 끝물이었다. 학교 행사를 마치고 집으로 돌아와 일찌감치 잠에 들었다. 몇 시간쯤 지났을까. 배우자의 다급한 목소리에 잠에서 깼다.

"대통령이 계엄령 선포했어."

뭐라고? 장난치지 마. 농담하기를 좋아하는 그가 또 장난을 치는 줄로만 알고, 약간의 짜증을 내며 일어나 핸드폰을 확인했다. 정말이었다. 뉴스와 각종 인터넷 커뮤니티, SNS가 불타오르고 있었다. 현실감각이 없었다. 일단 화장실을 가야겠다는 생각이 들어 화장실에 갔지만 변기에 핸드폰이 빠졌는지도 모를 정도로 넋이 나갔다. 하지만 이내 정신이 돌아오자 속에서 분노가 끓어올랐다. 화가 나서 몸이 부들부들 떨렸다. 지방에 있는 나로서는 당장 국회로 달려가기도 어려웠다. 내가 할 수 있는 일이 무엇일까. 역사 교사로서 나의 소명은 무엇인가.

당장 컴퓨터 앞으로 달려가 수업 자료를 만들기 시작했다. 교사는 수업으로 말해야 한다는 소신을 따랐다. 머릿속에 '어젯밤 이야기'라는 문구가 떠올라, 그렇게 제목을 정하고 1시부터 4시까지 수업 자료를 만들었다. (12월 3일 저녁 일찍 잠들었기에 밤새 자료를 만들 수 있었다.) 자료를 제작하고 한숨 돌리니 대통령이 4시 26분경 국무회의 정족수가 부족해, 인원이 차는 대로 국무회의를 열어 계엄을 해제하겠다는 황당무계한 소리를 하는 게 아닌가. 그래도 일단 잠을 청하기로 했다. 당장 몇 시간 후에 출근해야 하니까.

잠에서 깨자마자 집행부로 활동하고 있는 전국역사교사모임(이하 전역모)에 '이런 수업자료를 만들었는데, 전역모에서도 이번 사태에 관한 수업 자료를 모아보면 어떻겠냐'는 제안을 남겼다. 집행부 선생님들이 흔쾌히 동의해 주셨고, 수업 자료에 대한 전반적인 피드백도 남겨 주시며 도움을 주셨다. 전역모 회장 박미라 선생님은 안 그래도 간단한 계기자료를 만들자 제안하려고 마음먹었는데, 자료를 만들어 주어 고맙다고 말씀하셨다. 새벽 성명서 작성에 힘쓰셨던 선생님들의 도움과

격려를 받으며, 출근길에 핸드폰으로 프레젠테이션을 수정한 뒤 회장 박미라 선생님의 결단으로 출근 시간인 8시 31분에 수업 자료를 업로드했다.

(자료 배포 이후, 자료의 질을 높이는 데 도움을 주신 분들도 계셨다. 자료에 6.25 전쟁 당시의 계엄이 빠져 있다는 것을 지적해 주신 강성현 교수님, 모임을 통해 연락을 주셔서 계엄령 선포가 갖고 있는 법적 문제에 대해 조언해 주신 김춘수 박사님 등 주변 분들의 도움이 있었기에 수업 자료가 풍성해질 수 있었다.) 그리고 여느 때와 같이 출근해 '역사 선생님이 이번 사태에 대해 수업을 해 주리라' 믿으며 눈을 반짝이는 학생들과 만났다. 하루 만에 공기가 달라진 교실에서 아이들과 어젯밤 이야기를 나누었다.

솔직히 말하자면 이렇게까지 큰 이슈가 되리라고는 상상도 못했다. 역사 교사들 사이에서나 쓰이리라고 생각했지 다른 교과, 다른 학교급, 심지어는 일반 시민들도 이 자료를 읽고 12.3 사태에 대해 공부하게 될 거라고 예측이나 했을까? 짧은 시간 급하게 만든 자료이기에 부족함이 많았지만, 그럼에도 많은 이들이 자료를 열람한 이유는 강한 '열망' 때문이 아니었나 싶다. 수업에서 침묵하지 않고 이번 사태를 포함한 계엄의 역사적인 맥락을 다루고 싶은 역사 교사들의 열망, 역사

94

교과는 아니지만 수업에서 아이들과 12.3 사태를 소재로 이야기를 나누고 싶은 교과 교사들의 열망, 계엄령의 맥락을 알고 싶고 이번 사태가 왜 잘못되었는지 알고 싶은 일반 시민들의 열망 말이다.

그렇기에 마음 연결 출판사에서 자료를 토대로 단행본을 내 보지 않겠냐는 제안을 주셨을 때 크게 망설였다. 수업 자료를 최초로 만들어 배포한 역사 교사라는 이유만으로 이번 사태에 대한 기록을 남길 자격이 있는가. 그럼에도 불구하고 책을 쓰기로 마음먹은 건 이번 사태를 지켜본 대한민국의 시민으로서, 역사 교육을 전공한 역사 교육자로서, 이번 사태를 기록하는 일이 우리 사회에 작은 의미를 남길 수 있으리라 믿었기 때문이다.

글의 초고를 어느 정도 작성한 뒤, 배우자에게 글을 평가해 달라고 부탁했다. 나와 같은 역사 교육 전공인 배우자는 내 글을 읽더니 '문체가 마치 투키디데스(역사의 객관성을 강조한 고대 그리스의 역사학자)같다'는 평을 남겨주었다. 의도가 잘 반영되었다 싶어 뿌듯했더랬다. 배우자의 의견처럼 최대한 객관적인 태도를 견지하여 글을 쓰려고 노력했다. 계엄에 관한 모든 맥락을 담을 수는 없지만 12월 3일 계엄 선포와 12월 4일 계엄 해제 사이의 타임라인, 한국 사회에서 계엄령이 갖는 역사적 맥락, 이번 12.3 사태의 문제 등을 다각적으로 조망하고자 애를 썼다. 이 과정에서 적극적으로 피드백을 주며 글 작성을 도와주신 최승희 팀장님께 감사 인사를 전하고 싶다.

수업 자료를 만들 때도 최대한 객관성을 유지하려고 노력했다. 헌법이나 계엄법, 법조계 인사들의 법적 문제를 지적하는 성명 등 참고 자료를 충실하게 담는 데 집중하고, 수정이 가능한 형태로 배포해 교사가 자신의 수업 철학에 맞게 활용하는 보조 도구가 되길 원했다. 정치적 중립성의 개념이 오인되는 학교 현장에서 선생님들이 부담 없이 사용할 수 있는 자료였으면 했다.

12월 14일, 2차 탄핵소추안이 가결되었다. 그때 나는 시민들과 함께 여의도 공원 한복판에 서 있었다. 원고 마감이 코앞이었지만, 그럼에도 나가기로 결심한 이유는 역사의 한 점으로라도 남고 싶은 작은 소망, 앞으로 내가 가르칠 미래 세대에게 한 점 부끄럼 없는 사람이 되고자 하는 마음 때문이었다. 웅성거리는 사람들 사이로 탄핵 가결 소식이 전해지자, 모두가 환희에 찬 자리에서 일어났다. 이윽고 울려 퍼지는 소녀시대의 '다시 만난 세계'를 함께 부르며 누군가는 벅차오른 감정을 주체하지 못해 눈물을 흘리기도 했다. 일정 때문에 축제 같은 현장에서 벗어나 집으로 돌아가야 했지만 주황빛으로 노을진 여의도를 장식하는 각양각색의 깃발들, 하늘 위로 올라가던 탄핵 축하 풍선들, 데이식스의 '한 페이지가 될 수 있게'를 부르며 역사의 현장 속을 걸었던 동료 시민들을 오래도록 기억하고 싶다.

민주주의와 시민혁명을 가르치는 역사 교사로서 이날의 경험은 가슴 깊이 새겨졌다. 수업 시간에 시민 혁명의 역사를 다루면서 학생들에게 자유와 평등, 주권재민의 가치를 가르쳐 왔지만, 더 이상 책 속의 활자가 아니라 오늘을 살아가는 우리가 직접 지켜야 할 소중한 현실이라는 것을 느꼈다. 여의도 공원에서 함께 노래하고, 기쁨과 눈물을 나누었던 시민들은 역사의 관찰자가 아니라 시대의 변화를 이끄는 주체였다. 그 순간 역사를 가르치는 교사이자 한 명의 시민으로서, 학생들에게 '우리가 만드는 역사가 오늘의 기록이 되고 미래의 교훈이 된다'는 사실을 직접 보여줄 수 있었다는 점에서 작은 보람과 책임감을 동시에 느꼈다.

탄핵소추안이 가결되었지만, 아직 헌법재판소의 탄핵 심판이 남았다. 재판관들은 어떤 판결을 내리게 될까. 12월 3일부터 일어난 일련의 과정에는 어떤 역사적 평가가 내려질까? 탄핵소추안이 가결되었다고 긴장을 늦추지 말고, 역사를 이끄는 주체로서 앞으로의 절차를 지켜봐야 할 것이다.

수업 자료가 유명해지고, 몇몇 언론에서 인터뷰를 한 나를 향해 농담조로 역사 교육계의 스타가 다 되었다며 농담하시는 선생님들이 계셨다. 시험 진도를 맞추려고 45분 풀 강의를 해 아이들을 꿈나라로 보내기도 하고, 평소에는 학습지 빈칸 채우기 수업을 하는 평범한 역사 교사인 나는 이런 칭호(?)가 낯설고 껄끄럽다. 전국역사교사모임의 이름을 등에 업었기에 스포트라이트를 받을 수 있었던 것 같아 전역모 선생님들께 송구스러운 마음도 앞선다. 수업 현장에서 항상 애쓰고 노력하는 모든 역사 선생님에게 스포트라이트가 비춰졌으면 한다.

이제 나는 다시 삶으로 돌아간다. 배우자와 수업 이야기를 나누고, 천방지축 중학교 2학년들과 입씨름을 하고 투닥거리며, 때로는 이번 사태와 같은 현안들을 역사적인 관점에서 다루는 수업을 하며, 그렇게 교실과 학교에서 역사를 곁에 두고 살아가려 한다.

부록

참고하면 좋은 자료

12월 5일 제418회 국회(16차) 본회의 탄핵소추안

12월 7일 오전 10시 제3차 대통령 담화

12월 7일 오후 5시 제418회 국회(17차) 회의록

12월 12일 제4차 대통령 담화

12월 14일 윤석열 대통령 탄핵소추안 제안 설명(박찬대 더불어민주당 원내대표)

12월 14일 우원식 국회의장 회의 산회 전 마무리 발언

볼 수 있는 곳

국회 회의록-국회 법률도서관의 국회회의록(https://law.nanet.go.kr/natlaw/meetingLog/list.do?isMenu=Y)

대통령 담화-대통령실 홈페이지의 '대통령의 말과 글' (https://www.president.go.kr/president/speeches), 윤석열 유튜브 공식 계정(https://www.youtube.com/@president_yoon/videos)

12월 5일 제418회 국회(16차) 탄핵소추안

요약: 윤석열 대통령이 비상계엄을 위헌·위법적으로 발령하며 헌법적 절차를 무시하고, 국회의 활동을 억압하여 국민주권과 민주적 헌정 질서를 심각하게 훼손했음을 언급한다. 12.3 비상계엄은 대통령의 권한을 남용해 국민의 기본권을 침해하고 국회를 무력화하려는 내란 행위로 평가되며, 헌법 수호와 헌정 질서 회복을 위해 대통령의 직무를 박탈하는 탄핵이 필요하다는 결론으로 작성되었다.

……윤석열 대통령은 포고령 1호를 통해 국회, 정당 및 정치활동을 전면 금지함과 동시에 이런 헌정 중단을 영속하고자 군대와 경찰을 동원하여 국회를 봉쇄하고, 일부 국회의원을 억류하고, 국회의 자유로운 출입을 금지하여 국회의원이 계엄령 해제요구를 위한 집회에 참석하는 것을 현저히 위태롭게 하였는바, 이는 권력분립의 원

칙을 정면으로 위반하고, 국회의원의 심의·표결권과 불체포특권을 침해한 위헌적 조치이다. ……

거주 이전의 자유(헌법 제14조), 직업 선택의 자유(헌법 제15조), 언론·출판과 집회·결사 등 표현의 자유(헌법 제21조), 근로자의 단체행동권(헌법 제33조) 등 국민의 기본권 침해

……국군은 정치적 중립이 보장됨은 물론 요구되고, 대통령은 국군을 통수함에 있어 헌법과 법률을 준수할 헌법상 책무가 있다. 그럼에도 불구하고 윤석열 대통령은 계엄 발동요건을 전혀 구비하지 못한 이번 비상계엄을 헌법과 법률이 정한 절차조차도 모두 무시한 채 발령한 뒤, 군을 불법 동원하고, 국회를 봉쇄하는 등 위헌적 정치도구화를 자행하였으며, 일부를 국회에 난입시켜 국회 기능 마비를 시도하였는바, 이는 헌법과 법률에 의해 군을 통수해야 할 국가원수이자 행정부 수반으로서의 책무를 망각한 내란행위에 해당한다고 할 것이다. 이로 인하여 다수의 국회의원들이 위헌적 계엄해제요구안에 대한 정상적인 심의·표결절차에 참여하지 못했고, 무장 공

수부대 병력이 창문을 깨고 국회 회의장이 있는 본관에 난입함으로써 이를 막는 국회 방호과 직원 등과의 충돌을 빚어 국회의 정상적 기능을 저해하였다. ……

……윤석열 대통령은 결국 본인과 배우자의 범죄행위에 대한 국민적 진상규명과 단죄 요구를 회피하고자, 부하 김용현 국방부장관 등의 불법적 군대 동원을 지시하여 헌법기관을 마비시켜 헌정질서 중단을 도모하고, 이를 통해 사실상 권력의 영속적 찬탈을 기도한 내란미수를 범하였는바, 윤석열 대통령의 탄핵소추를 통한 공직에서의 파면은 대통령 직무수행의 단절로 인한 국가적 손실과 국정 공백과는 비교할 수도 없는 '손상된 근본적 헌법질서의 회복'을 위해 요구되는 시대적 사명이 되었다.

윤석열 대통령의 탄핵소추를 통한 파면은 국론의 분열이 아닌 국론 통합에 기여함은 물론이요, 우리는 대한민국 국민이 피로써 이뤄낸 민주적 발전이 결코 후퇴하지 않으며, 몇몇 모리배들의 불순한 기도로 무너질 수 없을 만큼 단단하게 쌓아올렸음을 재확인할 것이다.

이에 민의의 전당인 국회는 대한민국이 국민의 나라이

며 대통령이라 할지라도 국민의 의사와 신임을 배반하는 권한행사는 결코 용납되지 않는다는 준엄한 헌법원칙을 재확인하고자, 국민의 뜻을 받들어 윤석열 대통령에 대한 탄핵소추를 발의한다.

12월 7일 오전 10시 제3차 대통령 담화

요약이 필요 없을 만큼 짧은 2분 내외의 담화로, 국민에 대한 사과도 불충분했다. '국정 운영을 당과 정부에 일임하겠다'는 발언을 하였으나 국정 운영 방안 또한 명확하게 드러나지 않았으며, 법적·정치적 책임을 지겠다고 밝혔지만 구체적으로 어떤 책임인지에 대한 계획이 없는, 진정성이 부족한 담화로 평가된다.

존경하는 국민 여러분, 저는 12월 3일 밤 11시를 기해 비상계엄을 선포했습니다.

약 2시간 후, 12월 4일 오전 1시경 국회의 계엄 해제 결의에 따라 군의 철수를 지시하고 심야 국무회의를 거쳐 계엄을 해제하였습니다.

이번 비상계엄 선포는 국정 최종책임자인 대통령으로서의 절박함에서 비롯되었습니다. 하지만 그 과정에서 국민들께 불안과 불편을 끼쳐드렸습니다. 매우 송구스럽게 생각하며 많이 놀라셨을 국민 여러분께 진심으로 사과드립니다.

저는 이번 계엄선포와 관련하여 법적, 정치적 책임 문제를 회피하지 않겠습니다.

국민 여러분, 또다시 계엄이 발동될 것이라는 얘기들이 있습니다마는 분명하게 말씀드립니다. 제2의 계엄과 같은 일은 결코 없을 것입니다.

국민 여러분, 저의 임기를 포함하여 앞으로의 정국 안정 방안은 우리 당에 일임하겠습니다.

향후 국정 운영은 우리 당과 정부가 함께 책임지고 해나가겠습니다. 국민 여러분께 심려를 끼쳐드린 점 다시한번 머리 숙여 사과드립니다.

12월 7일 오후 5시 제418회 국회(17차) 회의록

요약: 계엄군의 국회 진입 및 의원 체포 시도는 내란죄로 규정되며, 이에 대한 대통령의 책임을 묻는 탄핵소추가 추진되었다. 국민의힘 의원들은 김건희 수사 안건에 참여한 후 일괄 퇴장하였고, 박찬대 원내대표는 국민의힘 의원들의 이름을 부르며 투표를 독려하였으나 결국 의결 정족수를 충족하지 못

해 투표가 성립되지 않았고 안건이 자동 폐기되었다. 우원식 국회의장은 민주적 절차가 이루어지지 못한 점에 대해 유감을 표하며 국민과 세계 앞에 사과했다.

12월 12일 오전 11시 30분 제4차 대통령 담화

요약: 윤석열 대통령은 비상계엄 발동의 배경과 정당성을 강조하며, 이를 국정 마비와 국헌 문란에 대한 불가피한 조치로 설명했다. 그는 거대 야당이 헌정 질서를 파괴하고 국가 안보와 경제를 위협하며, 자신을 탄핵하려는 시도를 비판했다. 계엄의 목적은 국민에게 위기를 알리고 질서를 회복하는 것이었으며, 국회의 계엄 해제 요구를 즉각 수용했다고 밝혔다. 또한, 국정 정상화와 자유민주주의 수호를 위해 끝까지 싸울 것임을 다짐하며 국민의 지지를 호소했다.

존경하는 국민 여러분, 저는 오늘, 비상계엄에 관한 입장을 밝히기 위해 이 자리에 섰습니다.

지금 야당은 비상계엄 선포가 내란죄에 해당한다며, 광란의 칼춤을 추고 있습니다.

정말 그렇습니까?

과연 지금 대한민국에서 국정 마비와 국헌 문란을 벌이고 있는 세력이 누구입니까?

지난 2년 반 동안 거대 야당은, 국민이 뽑은 대통령을 인정하지 않고 끌어내리기 위해, 퇴진과 탄핵 선동을 멈추지 않았습니다.……

지금 거대 야당은 국가안보와 사회 안전까지 위협하고 있습니다.……

도대체 2시간짜리 내란이라는 것이 있습니까?

질서 유지를 위해 소수의 병력을 잠시 투입한 것이 폭동이란 말입니까? ……

저를 탄핵하든, 수사하든 저는 이에 당당히 맞설 것입니다.

저는 이번 계엄 선포와 관련해서 법적, 정치적 책임 문제를 회피하지 않겠다고 이미 말씀드린 바 있습니다.……

하루가 멀다 하고 다수의 힘으로 입법 폭거를 일삼고 오로지 방탄에만 혈안되어 있는 거대 야당의 의회 독재에 맞서, 대한민국의 자유민주주의와 헌정 질서를 지키려 했던 것입니다.

그 길밖에 없다고 판단해서 내린 대통령의 헌법적 결단이자 통치행위가 어떻게 내란이 될 수 있습니까?……

위헌적인 법률, 셀프 면죄부 법률, 경제 폭망 법률들이 국회를 무차별 통과해서 이 나라를 완전히 부술 것입니다. ……

원전 산업, 반도체 산업을 비롯한 미래 성장동력은 고사될 것이고, 중국산 태양광 시설들이 전국의 삼림을 파괴할 것입니다.

우리 안보와 경제의 기반인 한미동맹, 한미일 공조는 또다시 무너질 것입니다.

북한은 핵과 미사일을 고도화하여 우리의 삶을 더 심각하게 위협할 것입니다. ……

국민 여러분, 국정 마비의 망국적 비상 상황에서 나라를 지키기 위해, 국정을 정상화하기 위해, 대통령의 법적 권한으로 행사한 비상계엄 조치는, 대통령의 고도의 정치적 판단이고, 오로지 국회의 해제 요구만으로 통제할 수 있는 것입니다. ……

저는 국회의 해제 요구를 즉각 수용하였습니다. ……

저는 마지막 순간까지 국민 여러분과 함께 싸우겠습니다.

짧은 시간이지만 이번 계엄으로 놀라고 불안하셨을 국민 여러분께 다시 한번 사과드립니다.

국민 여러분에 대한 저의 뜨거운 충정만큼은 믿어주십시오.

감사합니다.

12월 14일 윤석열 대통령 탄핵소추안 제안 설명(박찬대 더불어민주당 원내대표)

요약: 박찬대 더불어민주당 원내대표는 노벨문학상 수상자인 한강 작가의 말을 인용하며 이번 계엄령 당시 국회와 시민들이 1980년 광주의 용기를 이어받아 민주주의를 지켰음을 강조한다. 만약 시민들의 저항과 국회의원들의 결단이 없었다면 대한민국은 광주의 비극을 반복했을 것이라고 경고하며, 국회의원들에게 헌법 정신과 양심에 따라 탄핵안을 가결해 헌정 질서를 수호하고 민주주의의 가치를 세계에 증명할 것을 호소하였다.

…… 민주주의의 심장이 다시 뛰도록 심폐 소생을 해주신 모든 분에게 존경과 감사의 마음을 전합니다. 여러분이 민주주의를 살리고 대한민국을 지킨 주역이십니다.

노벨문학상 수상자인 한강 작가는 ≪소년이 온다≫를 준비하던 중 1980년 5월 광주에서 희생된 젊은 야학 교사의 일기를 보고 "현재가 과거를 도울 수 있는가?", "산 자가 죽은 자를 구할 수 있는가?"라는 질문을 뒤집어야 한다는 걸 깨달았다고 합니다.

"과거가 현재를 도울 수 있는가?", "죽은 자가 산 자를 구할 수 있는가?" 저는 이번 12.3 비상계엄 내란 사태를 겪으며, '과거가 현재를 도울 수 있는가?'라는 질문에 "그렇다."라고 답하고 싶습니다. 1980년 5월이 2024년 12월을 구했기 때문입니다. ……

12.3 비상계엄 선포 소식을 접했을 때, 1980년 광주가 떠올랐습니다. 당시 계엄군은 '계엄 포고령 위반'을 빌미로 수천 명의 광주 시민들을 체포하고 연행하고 구금했습니다. 심지어 학살도 자행했습니다. 그러나 계엄군의 통제하에 놓인 언론은 광주의 비극을 단 한 글자도 보도하지 못했습니다. 민주주의를 위해 저항하는 광주 시민들은 불온한 폭도로 매도됐습니다.

만일 12월 3일 윤석열의 비상계엄에 분개하여 국회로 뛰쳐나온 시민들이 없었다면, 경찰 봉쇄를 뚫고 국회 담장을 뛰어넘은 국회의원의 숫자가 모자랐다면, 헬기를 타고 국회로 난입한 계엄군이 표결 전에 국회의원들을 끌어냈다면, 계엄군 지휘관들과 군인들이 부당한 명령을 적극 따랐더라면, 지금 대한민국은 80년 5월의 광주와 다르지 않았을 것입니다.

국회는 포고령에 근거해 강제 해산되고 국회의원들은 계엄군에 체포되어 어딘지 모를 장소에 구금되었을 것입니다. 일부는 고문을 받거나 반국가 세력 또는 체제전복 세력으로 내몰려 처단되었을 수도 있습니다.

언론사는 계엄군에 의해 통제되고, 모든 보도 내용은 사전 검열되고, 정부를 비판하는 보도는 단 한 줄도 내보내지 못했을 것입니다. 검열을 반대하는 언론인은 포고령에 따라 처단 대상이 되었을 것입니다.

정부를 비판하거나 계엄에 반대하는 시민들은 영장 없이 체포, 구금되어 군사 법정에서 유죄를 선고받거나 처단되었을 것입니다. 의사들과 전공의들은 직업 선택의 자유를 박탈 당한 채 병원에 복귀하지 않았다는 이유로 처단됐을 것입니다.

우리가 아는 계엄, 우리가 실제로 겪었던 계엄은 바로 이런 것입니다.

상상만으로도 아찔한 비상계엄이 실제로 선포되었을 때, 1980년 5월 광주는 2024년 12월의 우리를 이끌었습니다. 44년 전 고립무원의 상황에서도, 죽음을 각오하고 계엄군과 맞섰던 광주 시민들의 용기가, 그들이 지키려 했던 민주주의가, 우리를 움직이는 원동력이었습니다. 과거가 현재를 도왔고, 죽은 자가 산 자를 구했습니다. 대한민국은, 대한민국의 민주주의는, 광주에 큰 빚을 졌습니다.

존경하는 선배 동료 의원 여러분, 12.3 비상계엄은 명백한 위헌이며 중대한 법률 위반입니다. ……

미국을 비롯한 전 세계 자유민주국가들이 대한민국의 헌정질서 파괴와 민주주의 위기에 대해 심각한 우려를 표명하고 있습니다. 탄핵안을 가결함으로써 대한민국의 헌정질서와 민주주의가 정상적으로 작동하고 있음을 전 세계에 보여주어야 합니다.

국민의힘 의원 여러분, 마지막 기회입니다. 역사의 문을 뛰쳐나가는 신의 옷자락을 붙잡으십시오.

헌법 제1조 1항, 대한민국은 민주공화국이다. 제1조 2항, 대한민국의 주권은 국민에게 있고, 모든 권력은 국민으로부터 나온다. 헌법 제46조 2항, 국회의원은 국가이익을 우선하여 양심에 따라 직무를 행한다.

민주공화국 대한민국의 일원으로서, 국민을 대표하는 국회의원으로서, 국가 이익을 우선하여 양심에 따라 찬성 표결해 주십시오. 국가적 위기 앞에 당리당략을 앞세우는 것은 국민에 대한 반역이자, 헌법상 국회의원의 책무를 저버리는 행위입니다.

엄중한 시국에 절박한 심정으로 호소드립니다. 대한민국의 명운이 국회의원 한 분 한 분의 선택에 달려 있습니다. 탄핵에 찬성함으로써 헌정질서를 파괴하는 자는 반드시 단죄 받는다는 역사적 교훈을 남겨주시길 호소드립니다.

탄핵에 찬성함으로써 대한민국의 모든 권력은 국민으로부터 나온다는 헌법 정신을 실현해 주시길 호소드립니다. 탄핵에 찬성함으로써 대한민국의 민주주의가 굳건하다는 점을 세계만방에 보여주시길 호소드립니다.

고맙습니다.

12월 14일 회의 산회 전 마무리 발언 전문(우원식 국회의장)

요약: 우원식 국회의장은 탄핵소추안 가결 후 마무리 발언을 하며 헌법을 준수하고 민주주의를 지키려고 노력했던 국민과 국회의원들에게 존경을 표했다. 탄핵소추안 가결 이후 헌법재판소에 의한 탄핵 심판 절차를 안내하며 앞으로 국회의 소임에 대해 설명하였고, 국회가 정부와 합심하여 국민의 일상과 경제 회복을 위해 최선을 다할 것을 다짐하였다.

산회에 앞서 한 말씀 드리겠습니다. 존경하는 국민 여러분, 의원 여러분.

오늘 우리 국회는 윤석열 대통령 탄핵소추안을 가결했

습니다. 국민의 대표로서 엄숙히 선서한 헌법 준수의 약
속에 따른 결정입니다. 비상계엄이 선포된 그 순간부터
오늘 이 순간까지 국민 여러분께서 보여주신 민주주의에
대한 간절함, 용기와 헌신이 이 결정을 이끌었습니다.

국회와 국회의장은 이 사실을 깊이 새길 것입니다.

이제 헌법적 절차에 따라 대통령의 탄핵 여부는 헌법
재판소가 결정하게 됩니다.

국회는 헌법재판소의 탄핵 심판에 충실히 임하겠습니
다. 공석인 헌법재판관 임명도 신속하게 이뤄지도록 서
두르겠습니다.

민주주의는 국민의 삶으로 증명됩니다. 이제 함께,
한 걸음 더, 다음 단계로 나아갑시다. 국민의 생업과 일
상이 빠르게 안정되고 경제, 외교, 국방 등 모든 면에
서 대내외적 불안과 우려가 커지지 않도록 국회와 정
부가 합심하고 협력하겠습니다. 정부 공직자들은 한 치
의 흔들림 없이 맡은 소임을 다해주십시오. 국회도 대
외신인도 회복과 민생복원에 최선을 다할 것입니다.
마지막으로 국민 여러분, 국민 여러분의 연말이 조금 더
행복하기를 바랍니다. 취소했던 송년회, 재개하시기를 당
부드립니다. 자영업 소상공인 골목 경제가 너무 어렵습

니다. 대한민국의 미래는, 우리의 희망은, 국민 속에 있습
니다.

희망은 힘이 셉니다.
국민 여러분, 고맙습니다.

2024년 12월 14일 토요일 오후 5시

윤석열 대통령의 탄핵소추안이 가결되었다.

12.3 사태, 그날 밤의 기록

초판 1쇄 발행 2024년 12 월 27일

저자 한유라

펴낸이 김영근

책임 편집 최승희

편집 김영근, 한주희

마케팅 최승희, 한주희

펴낸곳 마음 연결

주소 경기도 수원시 팔달구 인계로 120 스마트타워 1318

이메일 nousandmind@gmail.com

출판사 등록번호 251002021000003

ISBN 979-11-93471-35-7

값 12000